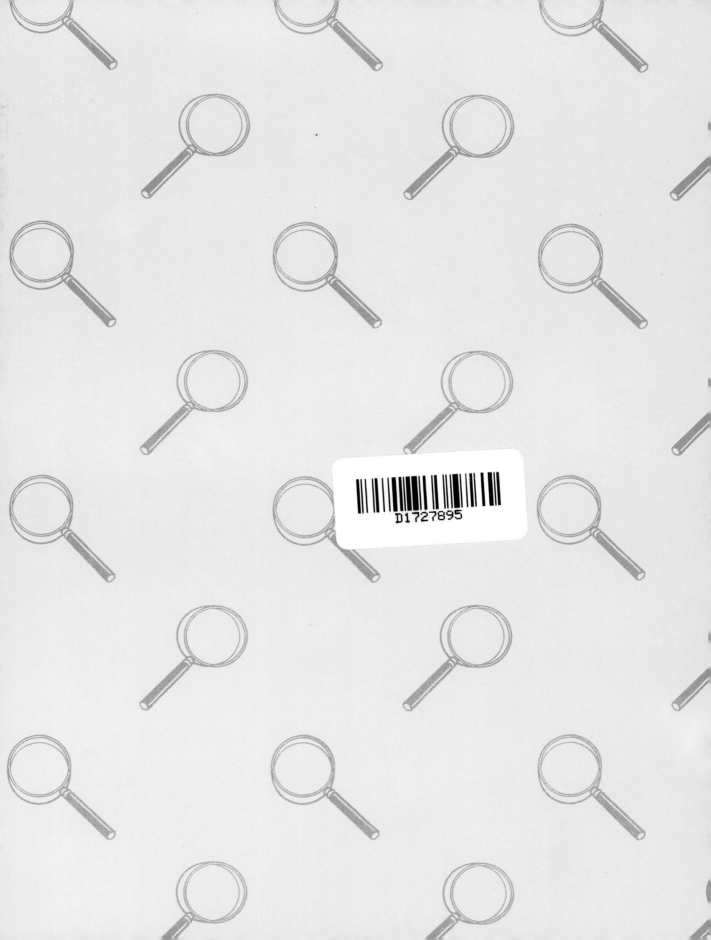

D1727895

LA VIE PENDANT LA PRE- HISTOIRE

JOHN STIDWORTHY

Chantecler

4500 millions d'années

600 millions d'années

225 millions d'années

PREMIERE PARTIE

LE DEBUT
DE LA VIE

DEUXIEME PARTIE

L'ERE DES
DINOSAURES

65 millions d'années

TROISIEME PARTIE

LES MAMMIFERES PUISSANTS

QUATRIEME PARTIE

L'HOMME-SINGE?

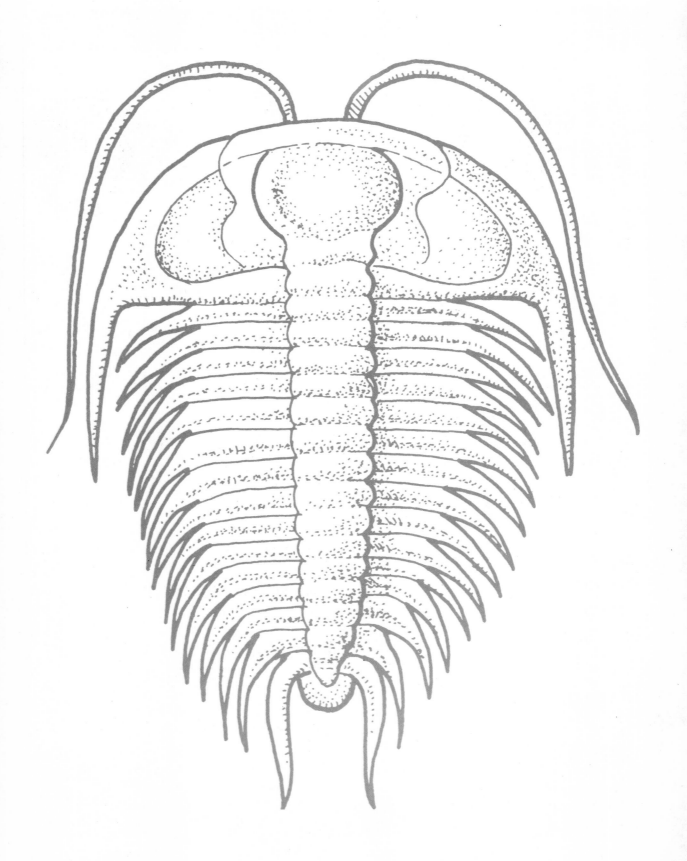

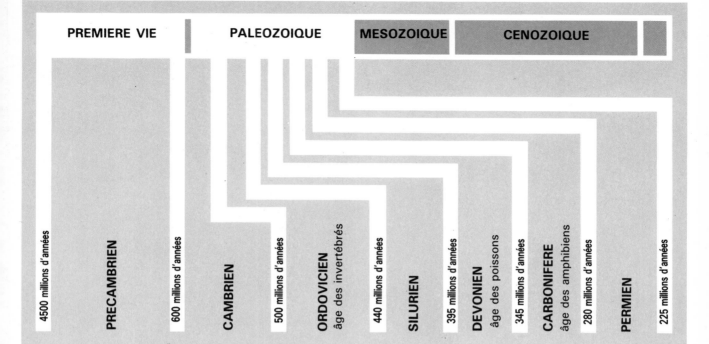

PREMIERE VIE	PALEOZOIQUE	MESOZOIQUE	CENOZOIQUE

4500 millions d'années

PRECAMBRIEN

600 millions d'années

CAMBRIEN

500 millions d'années

ORDOVICIEN
âge des invertébrés

440 millions d'années

SILURIEN

395 millions d'années

DEVONIEN
âge des poissons

345 millions d'années

CARBONIFERE
âge des amphibiens

280 millions d'années

PERMIEN

225 millions d'années

PREMIERE PARTIE

LE DEBUT DE LA VIE

Les origines de la vie sur terre représentent un mystère tout aussi grand que les origines de la planète elle-même. Mais dans un passé relativement récent les savants sont parvenus à relier entre elles différentes découvertes, théories et données leur permettant de dresser une image du passé — de la terre telle qu'elle était il y a 4.500 millions d'années jusqu'à nos jours. Ceci est donc le premier chapitre de l'histoire de notre planète et de toutes ces créatures étranges et merveilleuses qui y ont vécu…

L'AURORE DES TEMPS

L'Univers dépasse toute imagination. Le Soleil n'est que l'une des cent mille millions d'étoiles de la Voie Lactée, notre galaxie. Et la Voie Lactée n'est qu'une des cent millions de galaxies dont nous connaissons l'existence dans l'Univers.

Toutes les galaxies s'éloignent les unes des autres dans l'espace comme des débris provenant d'une explosion. Il est donc probable qu'à une certaine époque elles se trouvaient toutes ensemble au même endroit et qu'il y a eu un 'grand bang' qui a éparpillé toute la matière dans l'univers. Les savants ont calculé que ceci a dû se produire il y a environ 15.000 millions d'années.

Après le bang, certaines particules de matière commencèrent à se réunir sous l'influence de la pesanteur formant ainsi des nuages de gaz qui devinrent des galaxies. Ce processus se poursuivit dans chaque galaxie, constituant graduellement des étoiles. Les débris entourant les étoiles s'agglomérèrent à leur tour pour créer les planètes.

Notre Terre commença à se former il y a quelque 6.000 millions d'années lorsque les gaz, la poussière et des morceaux de roches et de métaux se rassemblèrent sous l'effet de la pesanteur. Ils se mirent à fondre et les roches plus légères se trouvant à la surface se refroidirent et devinrent solides.

Il est possible de mesurer avec assez de précision l'âge de certaines roches. Les plus vieilles que l'on a trouvées sur la Terre datent d'il y a 3.800 millions d'années. Ceci est l'âge approximatif de notre planète, le moment où la vie a dû apparaître...

Il y a des millions d'années, la nouvelle Terre était en fusion. D'immenses volcans lançaient des roches, de la poussière et des gaz dans l'espace. Ensuite la pluie tomba sur les roches pendant des milliers d'années. Rien ne pouvait vivre sur notre planète.

Au début, l'air de la Terre ne contenait pas l'oxygène dont les animaux et les plantes ont besoin pour respirer. Mais on trouvait dans l'atmosphère d'autres gaz émis par les volcans, entre autres de l'azote, de l'ammoniaque, du méthane, de la vapeur d'eau et peut-être du monoxyde et du dioxyde de carbone. La plupart de ces gaz sont un poison pour tout ce qui vit de telle sorte qu'après des centaines de millions d'années, la Terre n'était pas encore un endroit où l'on pouvait trouver des êtres vivants.

Mais petit à petit, les produits chimiques tels que les sucres et les acides aminés — que l'on trouve chez les êtres vivants à l'heure actuelle — commencèrent à se former dans les mers et les lacs. Ils se sont alors accumulés dans l'eau chaude jusqu'au moment où ils ont formé une 'soupe organique'. Les produits chimiques composant cette soupe commencèrent alors à se combiner et à se changer mutuellement, produisant ainsi différentes matières plus complexes. En fin de compte, une substance se forma. Elle présentait une caractéristique spéciale — elle pouvait fabriquer des copies d'elle-même, ce qui est une des caractéristiques que possèdent tous les êtres vivants. Cette substance est une longue molécule de la forme d'un ressort en spirale appelée acide désoxyribonucléique (dont l'abréviation habituelle est ADN). Quelquefois le processus de reproduction présenta de légères erreurs — suffisamment pour que la 'copie' soit légèrement différente de l'original. Lorsque cela se produisit la nature put commencer à 'choisir' entre différentes versions. La vie et le processus d'évolution avaient commencé.

Qu'est-ce que l'ADN?
L'ADN est fait de deux longues molécules en spirale enroulées ensemble. Lorsque ces deux molécules se séparent, chacune reproduit une copie d'elle-même pour former une nouvelle molécule — le processus de reproduction.

L'AGE DES ROCHES?

Il est possible de calculer l'âge des plus vieilles roches de la Terre, depuis l'époque où la vie commença, durant le Précambrien. Certaines roches contiennent de petites quantités de substances 'radioactives', comme l'uranium 238. Après un certain temps, celui-ci devient moins radioactif et se change en plomb. (Vous trouverez plus d'informations à ce sujet à la page 18).

C'est un processus lent — il faut 4.500 millions d'années pour transformer en plomb la moitié de l'uranium 238 d'une roche. Le sachant, les savants peuvent mesurer avec précision la quantité de plomb comparée à la quantité d'uranium dans une roche et calculer ensuite combien de temps il a fallu pour le former. Les plus vieilles roches sur Terre ont été trouvées en Ecosse, au Canada, en Afrique et en Australie. Elles avaient environ 3.800 millions d'années.

■ = formations de roches précambriennes, il y a environ 800 millions d'années.

UNE NOUVELLE VIE

En 1953, un savant américain appelé Stanley Miller, a rempli un ballon de laboratoire d'un mélange de gaz identiques à ceux qui existaient dans l'atmosphère au début de la Terre. Ensuite, il y fit passer de grandes étincelles électriques, tout comme les éclairs des tempêtes à la naissance de la terre. Après une semaine, il constata que toute une variété de substances s'était formée dans le ballon, y compris des acides aminés et des sucres qui composent les êtres vivants.

PREMIERS FOSSILES

Les fossiles sont des restes de plantes ou d'animaux qui se sont transformés en pierre. Jusqu'il y a peu, on croyait que les fossiles les plus anciens se trouvaient dans des pierres formées il y a quelque 600 millions d'années. Mais maintenant, nous savons que la vie a commencé il y a au moins 3 millions d'années, à l'époque que nous appelons le Précambrien, lorsque la Terre était jeune. En réalité,

il y a eu des êtres vivants pendant la plus grande partie de l'existence de notre planète. Les savants qui examinaient des roches très anciennes ont découvert les premiers signes de vie — des fossiles préservés envers et contre tout pendant des milliers de millions d'années.

La première indication fut la découverte de *stromatolites* dans les roches. Les stromatolites sont des anneaux placés l'un dans l'autre, qui peuvent atteindre un mètre de diamètre dans la roche. Les savants se sont

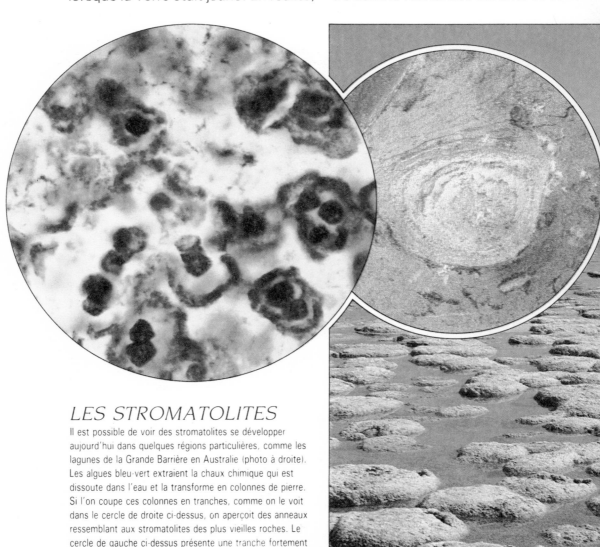

LES STROMATOLITES

Il est possible de voir des stromatolites se développer aujourd'hui dans quelques régions particulières, comme les lagunes de la Grande Barrière en Australie (photo à droite). Les algues bleu-vert extraient la chaux chimique qui est dissoute dans l'eau et la transforme en colonnes de pierre. Si l'on coupe ces colonnes en tranches, comme on le voit dans le cercle de droite ci-dessus, on aperçoit des anneaux ressemblant aux stromatolites des plus vieilles roches. Le cercle de gauche ci-dessus présente une tranche fortement agrandie d'un fossile de stromatolite. Vous pouvez reconnaître la forme des bactéries et des algues

demandé s'ils avaient été faits par une créature vivante ou s'ils étaient simplement une construction bizarre de la roche.

Les stromatolites des roches provenant du lac Supérieur au Canada furent les premiers à être examinés avec attention. A l'aide de scies spéciales, les savants ont découpé des tranches d'une roche contenant des stromatolites (un silex appelé silex noir), et ils les ont polies pour qu'elles deviennent minces au point de laisser passer la lumière. Il fut alors possible de les examiner au microscope. La grande surprise fut d'y retrouver des traces d'êtres vivants — souvent les contours de ce qui semblait être des parois cellulaires. Il fut possible de voir des bactéries, des excroissances ressemblant à des plantes primitives connues sous le nom d'algues bleues d'iris et d'autres résidus moins faciles à reconnaître. Il semblait donc que les stromatolites provenaient vraiment d'êtres vivants.
En réalité les stromatolites étaient les premiers fossiles.

Petites et simples
Les algues bleu-gris (ci-dessous) et les bactéries (tout en bas) existent encore aujourd'hui et sont les êtres vivants les plus simples. Chacune d'elles se compose d'une seule cellule. Elle est constituée d'une peau ou membrane entourant une 'soupe' aqueuse contenant toutes les molécules dont la cellule a besoin pour vivre, grandir, se nourrir et se reproduire.

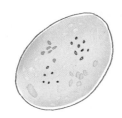

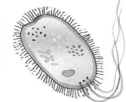

LES OCEANS PRIMITIFS

Nous pouvons imaginer la vie grouillante existant dans les océans primitifs parce que certains vestiges extraordinaires ont été découverts dans les roches des collines Ediacara, dans le sud de l'Australie.

De nos jours, ces roches sont des pierres de sable dur mais, il y a 650 millions d'années, elles formaient une douce plage de sable au bord de la mer. Les corps morts des créatures marines étaient rejetés sur la plage et cuits par le soleil brûlant. Ensuite, la marée les recouvrait de sable. Leurs formes fossilisées ont survécu car la couche de sable n'a cessé d'augmenter et les a comprimées pour en faire des pierres de sable dur.

Toutes les créatures trouvées à Ediacara avaient des corps mous — cela veut dire qu'elles ne possédaient ni coquille, ni os, ni parties dures. La conservation de créatures aussi molles dans des pierres de sable fin aussi vieilles est presque un miracle (vous pouvez lire davantage à ce sujet à la page suivante).

Bien que ces créatures soient petites et simples comparées aux animaux modernes, elles sont pourtant beaucoup plus compliquées que les fossiles antérieurs.

Il a fallu des millions d'années d'évolution pour que la vie animale se développe de la bactérie primitive aux méduses d'Ediacara. Mais nous devrons attendre que quelqu'un découvre les fossiles représentant le chaînon manquant entre la bactérie et la méduse avant que nous ne puissions savoir exactement ce qui est arrivé pendant cette longue période.

MOULES A GELEE!

Il faut des conditions très spéciales pour que des créatures à corps mou se fossilisent. D'habitude, ce sont seulement les animaux qui ont des parties dures, comme des os, des coquilles et des dents qui ont été conservés en fossiles. A Ediacara, la plage recouverte d'animaux morts et brûlés par le soleil était rapidement recouverte de sable fin. Les petites particules étaient d'autant mieux conservées que le sable était fin.

Quelques-uns des plus beaux fossiles que la science a découverts proviennent de Burgess Pass dans les montagnes Rocheuses au Canada. Ils furent formés sur le fond de la mer il y a environ 530 millions d'années, au milieu de la période géologique appelée le Cambrien. Ce sont les fossiles d'animaux à corps mou.

Durant toutes ces années, cette région était vraisemblablement une vallée profonde et calme au fond de la mer. Dominant cette vallée sous-marine, il y avait dans la mer une montagne de vase molle et glissante. De temps en temps, il y avait de grandes avalanches, et un mélange de vase et d'eau s'écrasait dans le fond de la vallée en engloutissant quelques-unes des créatures qui vivaient plus haut, les enterrant profondément. De plus en plus de vase s'est entassée au

cours des années, jusqu'au moment où elle fut solidifiée pour devenir une roche dure. Les animaux prisonniers furent ainsi fossilisés.

Comme ces animaux furent enterrés très rapidement, peut-être en quelques secondes, et au moyen d'une vase extrêmement fine, nous pouvons voir des détails incroyables dans ces fossiles.

L'Australie du Sud vers la fin du Précambrien

1 Des méduses de tous genres vivaient dans les mers. Ces 'parapluies sous-marins' ressemblaient fort aux méduses modernes.
2 Les spriggina et d'autres vers étranges rampaient sur le fond ou nageaient à l'aide de petites pagaies fixées sur leur corps.
3 Le dickinsonia était un ver de forme circulaire qui pouvait se tortiller comme un serpent.

4 Les plumes de mer sont des animaux pareils à du corail, formant des colonies qui ressemblent à des plumes piquées dans le fond de la mer. On a trouvé leurs fossiles dans d'anciennes roches du centre de l'Angleterre et à Ediacara. On trouve encore aujourd'hui de proches cousins de ces créatures.

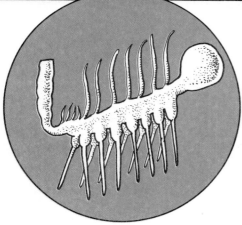

REGARDEZ BIEN!

On a découvert cette étrange créature parmi les fossiles de Burgess Pass. Elle s'appelle hallucigenia, vraisemblablement parce que le savant qui l'a découverte ne pouvait en croire ses yeux; elle possède 7 paires de pattes, surmontées chacune d'une tentacule. Cet animal est tellement bizarre que les savants n'ont aucune idée du groupe actuel auquel il appartient.

FOSSILES COMMUNS

Nous pensons généralement que les fossiles sont rares. C'est vrai pour de nombreux groupes, mais il existe certaines créatures et plantes qui étaient tellement communes qu'on en trouve des couches entières dans les roches de la Terre. Trois de ces groupes communs sont les foraminifères, les coccolithes et les ostracodes que l'on voit ci-dessous. Ces 'micro-fossiles' ainsi que d'autres existant dans les roches peuvent être d'un grand intérêt pour les hommes. Les savants spécialisés dans l'étude du pétrole savent que des micro-fossiles spéciaux se trouvent dans les couches de roches que l'on trouve souvent au-dessus ou en dessous de roches pétrolifères. Les micro-fossiles peuvent donc être une aide appréciable lorsque l'on fait des forages pour trouver de nouvelles nappes de pétrole.

Foraminifères
Les foraminifères sont des animaux microscopiques unicellulaires, mais ils possèdent des coquilles dures de forme compliquée. Certaines roches calcaires se composent de leurs squelettes.

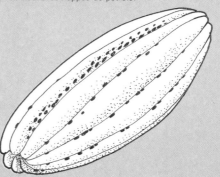

Coccolithes
Les coccolithes forment également des roches. Ce sont des algues (plantes) unicellulaires qui possèdent une coquille se composant d'anneaux de cristaux de chaux. Lorsqu'ils meurent, ces anneaux minuscules tombent au fond de la mer et se transforment peu à peu en roches calcaires.

Ostracodes
Les ostracodes sont des cousins des crevettes, mais ils ressemblent plus à des coquillages. Les ostracodes existent depuis 450 millions d'années. La plupart étaient minuscules, mais ils étaient tellement nombreux qu'à leur mort leurs petites coquilles dures tombaient au fond de la mer et formaient d'épaisses couches de roche.

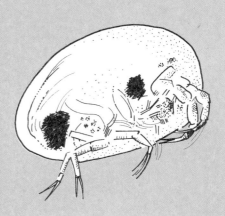

LE TEMPS DES TRILOBITES

L'un des mystères de la vie au cours des âges surgit lorsqu'un groupe d'animaux disparaît après s'être développé pendant des millions d'années. Les savants disent d'habitude que des animaux nouveaux, plus efficaces, se sont développés et les ont remplacés. Un bel exemple de ce genre de mystère est le *trilobite* des mers anciennes.

Les trilobites furent l'un des premiers grands succès de l'évolution animale. Ces créatures étaient divisées en trois groupes suivant leur longueur, ce qui leur a donné leur nom ('tri-lobe-ite' signifiant à trois lobes). Leur corps se composait de segments et chaque segment était muni d'une paire de pattes annexées, comme les pattes des crevettes. A l'avant il y avait une tête munie de deux yeux et une queue à l'arrière. Tout comme les crabes et les insectes, les trilobites possédaient une carapace dure qui protégeait les parties internes plus molles. Le trilobite jetait de temps en temps cette carcasse ou muait pour grandir. De nombreux fossiles de trilobites sont en réalité des fossiles de ces coquilles vides plutôt que celles d'un animal complet.

De nombreux trilobites possédaient autour de leur bouche des pattes qui pouvaient faire fonction de 'mâchoires'. Celles-ci ne devaient pas être très puissantes et il semble qu'elles ne pouvaient attraper et mâcher une grande proie. Il est plus probable que ces animaux se nourrissaient en balayant le fond de la mer pour attraper des morceaux de plantes ou des restes d'animaux.

Les trilobites étaient courants durant la période cambrienne (de 600 à 500 millions d'années). Peu après ils ont atteint leur plus grand développement, et ensuite ils ont décliné petit à petit. Au moment de leur apogée, 2.500 sortes différentes nageaient dans les mers. Mais elles ont toutes disparu il y a environ 225 millions d'années.

Le trilobite géant
Le paradoxide était l'un des plus grands trilobites. Il mesurait 70 cm de long. Il vécut il y a environ 550 millions d'années.

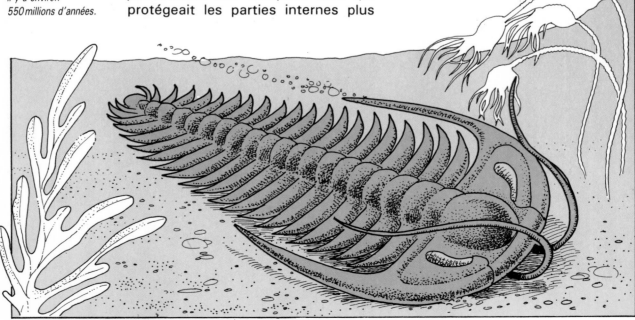

LA VUE DANS LA MER

Tout comme ses cousins lointains, les insectes, le trilobite possédait un œil complexe. Cela signifie que chaque œil était formé de nombreuses sections plates, appelées facettes, comme dans un diamant. Chaque facette recevait la lumière provenant d'une seule direction. L'œil formait alors une image totale de l'environnement en combinant toutes les images individuelles venant de chaque facette. Le fossile du trilobite à droite, une espèce de *calymène* trouvé en Tchécoslovaquie dans un rocher de pyrite vieux de 500 millions d'années, possède de grands yeux proéminents. Nous pouvons en déduire que les trilobites ont dû vivre principalement dans des mers peu profondes et calmes. En eaux profondes, ils n'auraient pas trouvé suffisamment de lumière pour y voir; pour les mêmes raisons, l'eau ne pouvait pas être boueuse, sinon les yeux auraient été inutiles.

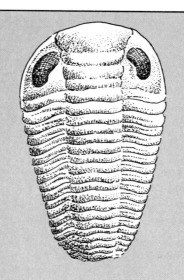

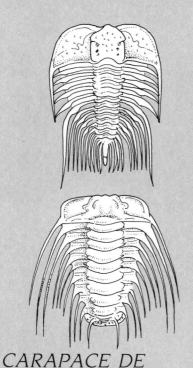

DOUX OU PIQUANT?

A gauche, on peut voir deux des trilobites les plus couverts de piquants. Ce sont le *selenopeltis* (au-dessus) et le *cybéloïdes* (en dessous) de la période ordovicienne. On ne connaît pas vraiment les raisons pour lesquelles certains trilobites étaient munis de longs piquants sur tout le corps tandis que d'autres étaient assez doux. Une théorie considère que ces piquants étaient utiles pour se défendre, car n'importe quel prédateur essayant de manger un trilobite avec piquants aurait eu des épines plein la bouche!

CARAPACE DE TRILOBITE

Les trilobites doux étaient protégés contre leurs ennemis par une peau dure. Certaines espèces s'enfonçaient dans le fond mou de la mer afin d'éviter d'être retournées, exposant ainsi les parties molles et vulnérables de leur corps. D'autres pouvaient se rouler sur elles-mêmes, comme les cloportes ou les hérissons. L'un de ces trilobites était le *calymène*. On a trouvé d'innombrables fossiles de *calymènes* dans une carrière de Dudley, près de Birmingham. Dans de nombreux fossiles, ils sont enroulés. Ils ont dû réagir au danger ou à de mauvaises conditions et sont morts dans cette position.

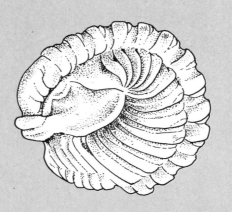

Qu'advint-il des trilobites?
Les trilobites semblaient s'être bien adaptés à leur genre de vie, mais ils ont disparu lorsque d'autres animaux se sont développés. Ils ont pu être refoulés peu à peu par toute une série de concurrents et de prédateurs.

Nous savons que les premiers êtres vivants sont apparus il y a 3.000 millions d'années ... Nous savons que les trilobites ont disparu il y a 225 millions d'années ... Mais comment connaissons-nous ces dates?

En réalité il existe différentes méthodes pour évaluer l'âge d'un fossile. Une des méthodes de détection consiste à examiner le genre de roche dans lequel se trouve le fossile. Une autre méthode est utilisée pour mesurer ce que l'on appelle la *radioactivité* du fossile ou de la roche comme c'est expliqué ci-contre. Etant donné la façon dont les fossiles se forment (pages 14, 81), on les trouve d'habitude dans les roches sédimentaires. Les roches sont formées en couches horizontales, l'une au-dessus de l'autre, la couche la plus ancienne se trouvant dans le fond et la dernière couche tout au-dessus. Il s'ensuit donc qu'un fossile trouvé dans une couche inférieure doit être plus ancien que celui trouvé dans une couche supérieure.

En y regardant de plus près, nous constatons que chaque couche de roche contient son mélange particulier

Indicateurs d'âge
Les graptolites (au-dessus) et les brachiopodes (en dessous à droite) sont des 'indices' fossilisés importants pour la datation. Les graptolites proviennent de l'Ordovicien et du Silurien (il y a 500 à 395 millions d'années). Les brachiopodes se sont développés jusqu'il y a environ 200 millions d'années. Les changements évolutifs dans la forme de ces deux créatures signifient qu'on les reconnaît facilement et qu'on peut les dater avec précision.

DATATION PAR RADIOMETRIE

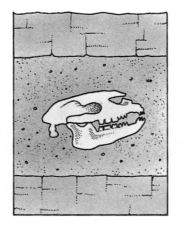

Age des isotopes

1 Une roche volcanique nouvellement formée que l'on trouve au-dessus ou en dessous d'une roche ayant des sédiments fossilisés contient un élément que l'on appelle un *isotope de potassium*. Les savants lui ont donné le symbole K^{40}. Au fil du temps, le K^{40} se transforme en un isotope d'argon, A^{40}.

2 Le K^{40} se décompose en A^{40} à une vitesse connue. La moitié du K^{40} deviendra du A^{40} après 13,100 millions d'années.

Cette période constitue la moitié de la vie de l'isotope.

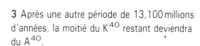

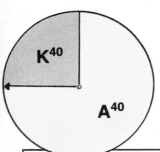

3 Après une autre période de 13,100 millions d'années, la moitié du K^{40} restant deviendra du A^{40}.

4 Lorsque l'on découvre des fossiles, on peut analyser des échantillons de roches volcaniques se trouvant à proximité et voir ainsi combien de A^{40} et K^{40} elle contient. Lorsque l'on connaît la proportion de ces isotopes, on peut en déduire l'âge du fossile.

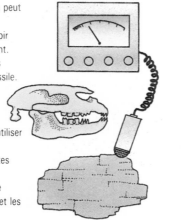

Outre le potassium, on peut également utiliser d'autres substances dans les mesures radiométriques; leurs demi-vies sont toutes différentes. Les *méthodes de datation radiométrique* permettent aux savants de définir une datation en chiffres absolus, et les résultats en sont très *précis*.

de fossiles. Ces mélanges changent d'une couche à l'autre car avec le temps, certains animaux ont disparu tandis que de nouveaux se sont développés. Le mélange de fossiles varie également suivant l'endroit dans le monde où les couches de roches se sont formées; si c'est une région d'eau douce ou une région recouverte par des mers peu profondes ou des océans profonds. Pourtant il faut être prudent. Les mouvements de la croûte terrestre peuvent avoir fait monter certaines couches ou même les avoir complètement retournées.

Les fossiles les plus utiles qui composent les mélanges caractéristiques sont les petits animaux innombrables qui ont des coquilles ou d'autres parties dures se conservant facilement. Les fossiles de plantes sont également utiles. Les grains de pollen et les semences sont innombrables et se conservent facilement. Comme pour les animaux, on les retrouve dans les mélanges caractéristiques qui aident à définir leur âge. Tout va bien jusqu'ici. Nous savons quel est l'âge d'un fossile par rapport à un autre. Mais pouvons-nous fixer des dates réelles, dans l'absolu? La réponse à cette question est oui, et nous y arrivons en partie en constatant la rapidité avec laquelle les roches sédimentaires se forment actuellement. Ensuite, supposant que les roches se soient formées à la même vitesse dans le passé, nous pouvons faire reculer le temps en creusant dans la terre. Si on trouve un fossile à une certaine profondeur, nous pouvons calculer approximativement qu'il a dû être bloqué il y a autant de millions d'années. Mais de nouveau nous devons être prudents. Différentes sortes de roches sédimentaires se forment à des vitesses différentes dans des conditions différentes.

LES MERS GROUILLANTES

Durant la période ordovicienne, allant de 500 à 440 millions d'années, les mers étaient pleines de toutes sortes d'animaux étranges et nouveaux. Les premières étoiles de mer, oursins et autres échinodermes (dont la peau était couverte de piquants) se développèrent. Les premiers coraux, aidés par les bryozoaires, formèrent les premiers récifs de pierre calcaire dans les eaux chaudes et peu profondes. Ces animaux minuscules vivaient en colonies, constituant une ossature de pierre calcaire dure.

La taille et la forme de ces colonies variait suivant les espèces. La forme de ces animaux et des récifs qu'ils formaient nous donne des indications nous permettant de dater les poissons et les autres créatures plus rares conservés avec eux.

D'autres créatures qui avaient déjà évolué auparavant se développèrent. Les trilobites étaient à leur apogée. On trouvait des brachiopodes, que l'on appelle aussi des coquilles de lampe, de toutes tailles et de toutes formes. Les nautiloïdes, lointains parents de l'octopus, atteignirent leur plus grande taille. Et les euryptéridés vivant dans l'eau, appelés aussi scorpions des mers, se déplaçaient au fond de la mer et chassaient d'autres animaux.

C'était vraiment l'âge des invertébrés, car la plupart de ces animaux, qu'ils soient grands ou petits, ne possédaient pas d'épine dorsale. Mais un nouveau groupe d'animaux commençait à se développer. Ils étaient petits, peu nombreux et pas encore très importants. C'étaient pourtant les premiers vertébrés (animaux avec une épine dorsale).

Prononcez...

Lyssacina
Li-sa-si-na

Chenendopora
Ké-nan-do-po-ra

Marrolithus
Ma-ro-li-tus

Scyphocrinites
Ski-fo-kri-ni-tès

Cheirocrinus
Ké-i-ro-kri-nus

Eurypterus
Eu-ri-pté-rus

LES GEANTS DES PROFONDEURS

Il y a 450 millions d'années, les plus grands animaux des mers ordoviciennes étaient les nautiloïdes. Certains de ces mollusques atteignaient plus de quatre mètres de long et possédaient une longue coquille finissant en pointe alors que la tête de l'animal se trouvait à l'autre extrémité.

Le nautiloïde avait toute une série de tentacules autour de la bouche et des yeux qui voyaient partout. C'était un des habitants des mers les plus rapides de son temps. Ils n'étaient pas tous grands mais ils ont dû être des prédateurs redoutables. A une certaine époque, les nautiloïdes étaient très nombreux mais ils commencèrent à disparaître il y a environ 380 millions d'années. Aujourd'hui il en reste six espèces: les parents des octopus, c'est-à-dire les calmars et les seiches.

Les scorpions des mers étaient un autre groupe de grands prédateurs mais ils ne portaient pas bien leur nom. Tout d'abord, tous ne vivaient pas dans la mer — certains vivaient dans l'eau douce. Ce n'étaient pas non plus de vrais scorpions bien qu'ils fassent partie des arachnides — le groupe qui comprend les araignées et les scorpions. Le scorpion de mer ou euryp, téridé, avait un long corps plat formé de segments. Sa tête possédait deux grands yeux entourant deux cavités plus petites et il avait en dessous de son corps des pattes pour marcher. Celles-ci étaient munies à l'avant de deux pinces solides.

L'euryptéridé avait l'air de pouvoir tout faire. Il aurait pu nager, marcher ou s'enfoncer dans la boue, mais son plus grand avantage résidait dans sa

---

Une mer peu profonde pendant la période ordovicienne

1 Le lyssacina et 2 le chenendopora étaient des éponges – des animaux très simples composés de cellules ayant un squelette formé de petites particules pointues de silice.
3 Le dictyonema était un graptolite (page 18) d'environ 10 cm de long.
4 Le marrolithus et 5 l'opipeuter étaient les trilobites de l'époque. Ils ne mesuraient que quelques cm de long.

6 Le scyphocrinite était un très beau lis de mer — pas une plante, mais un échinoderme. Ses tentacules flottaient dans l'eau pour attraper plantes et animaux.
7 Le cheirocrinus était un cystoïde, un genre d'échinoderme disparu. Ses tentacules lui permettaient d'attraper de la nourriture et son corps creux était retenu au fond de la mer par une tige.
8 L'euryptéridé était un scorpion de mer.

Nautiloïde à l'affût
L'orthoceras *vivait il y a environ 410 millions d'années. Il pouvait se cacher dans sa coquille et la fermer avec une 'porte' dure lorsqu'il était menacé. Il mesurait environ 1 mètre de long.*

taille. Même les petits scorpions des mers étaient grands comparés aux créatures qu'ils chassaient, tandis que les plus grands atteignaient presque trois mètres de long! A l'affût près du fond de la mer et saisissant leurs proies lorsqu'elles étaient suffisamment proches, ils étaient les tigres de l'océan avant de finir par disparaître.

Gare aux pinces!
Le ptérygotus *chassait dans les mers il y a environ 400 millions d'années. Son corps mesurait 2 m de long. Peu d'animaux auraient pu échapper à ses terribles pinces.*

23

A part celles qui ont été présentées dans les pages précédentes, on rencontrait beaucoup d'autres créatures.

La plupart de ces animaux avaient un corps mou et charnu mais pas de squelette. Habituellement seules les parties dures comme les coquilles se conservent sous forme de fossiles mais quelquefois nous avons de la chance. On a ainsi découvert en Bavière, Allemagne, quelques très beaux fossiles de bélemnites.

Même lorsqu'ils ne trouvent que les coquilles fossilisées, les paléontologues peuvent en déduire comment se présentait le reste de l'animal en comparant la coquille avec celle d'animaux de la même famille. Les coquilles fossilisées d'ammonites sont très communes et ressemblent beaucoup à la coquille du *nautilus,* un nautiloïde actuel ayant une coquille courbe. En regardant la façon dont fonctionne le corps d'un *nautilus,* nous pouvons deviner comment se déplaçaient les ammonites.

Dans une coquille vide de *nautilus,* vous pouvez apercevoir une ligne où une petite partie du corps de l'animal était encastrée à l'intérieur de la coquille. Le *nautilus* actuel utilise cette partie de son corps pour faire varier la quantité d'air qu'il conserve dans la coquille. S'il emmagasine plus d'air, l'animal devient alors plus léger dans l'eau et se met à monter à la surface. S'il absorbe un peu d'air de sa coquille, cela signifie que l'animal devient plus lourd dans l'eau et il se met à descendre vers le fond. Les coquilles fossilisées d'ammonites possèdent une ligne ressemblant à celle de la coquille du *nautilus* actuel.

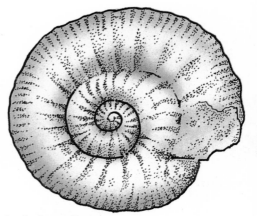

Fossile d'ammonite

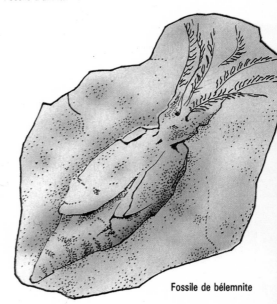

Fossile de bélemnite

LES MOLLUSQUES

Les *ammonites* et les *bélemnites* sont des cousines des mollusques actuels — escargots, calmars et octopus. On les rencontrait durant la période allant de 200 à 65 millions d'années. Les ammonites se sont développées au départ de nautiloïdes et étaient très variées. Certaines n'étaient pas plus grandes qu'une pièce de monnaie, tandis que d'autres atteignaient 2 mètres de diamètre. Elles évoluèrent très rapidement et sont de bons points de repère pour la datation. Les fossiles de bélemnites sont en général formés par leur carapace en forme de balle. L'animal entier ressemblait à un calmar et nageait en arrière en tirant ses tentacules derrière lui. Ses tentacules étaient munies de crochets pour attraper les proies et à l'intérieur de son corps, elle disposait d'un sac à encre. Elle éjectait l'encre pour former une sorte d'écran de fumée dans l'eau lorsqu'elle était en danger.

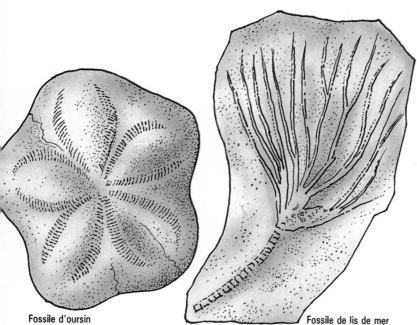

Fossile d'oursin

Fossile de lis de mer

OURSINS ET LIS DE MER

Les *oursins* et les *lis de mer* (que l'on voit dans le dessin ci-dessous) appartiennent au groupe des échinodermes de l'époque ordovicienne. Certains oursins ont donné de très beaux fossiles, et les premiers exemplaires étaient munis de fines coquilles formées de petites plaques ressemblant à des tuiles. Les oursins fossilisés, tout comme leurs cousins modernes, possèdent de petites pattes en forme de tubes qui sortent par de petits trous dans leur coquille. Ces pattes sont particulières aux échinodermes. Ce sont des petits sacs ressemblant à des doigts remplis de liquide qu'ils peuvent monter ou descendre pour se déplacer, saisir quelque chose et sentir. Les lis de mer ne sont pas des plantes, mais appartiennent à la famille crinoïde des échinodermes. On en connaissait les fossiles bien avant d'avoir découvert leurs cousins actuels dans les profondeurs des océans.

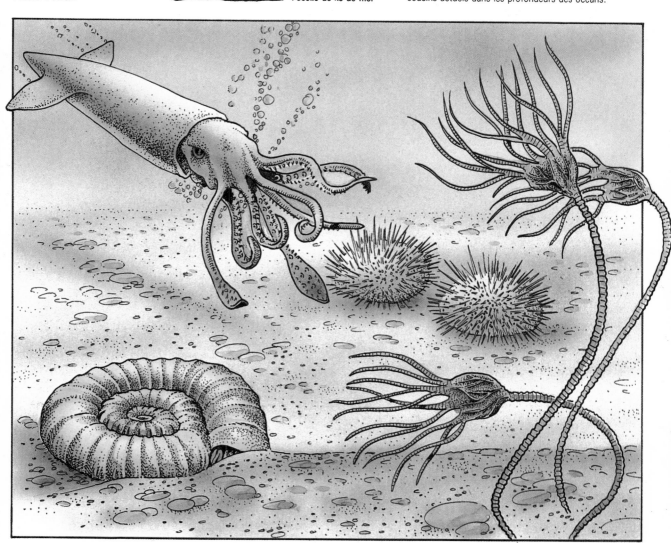

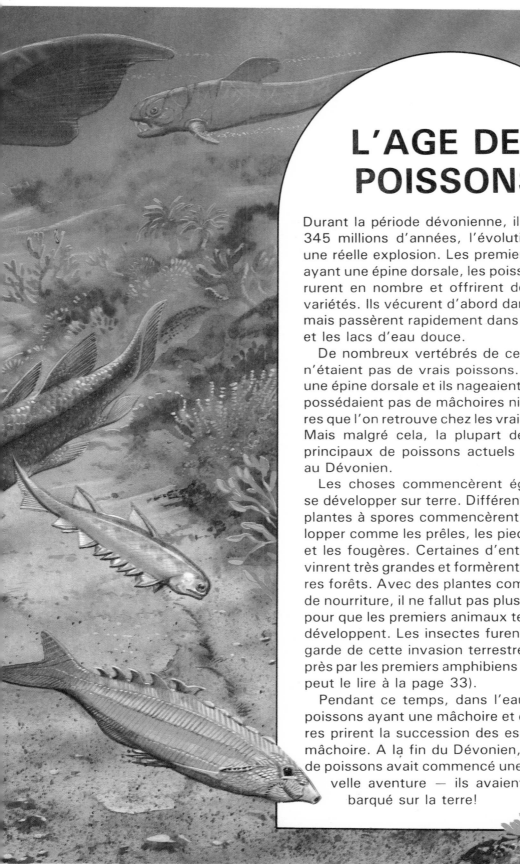

L'AGE DES POISSONS

Durant la période dévonienne, il y a 395 à 345 millions d'années, l'évolution connut une réelle explosion. Les premiers animaux ayant une épine dorsale, les poissons, apparurent en nombre et offrirent de multiples variétés. Ils vécurent d'abord dans les mers mais passèrent rapidement dans les rivières et les lacs d'eau douce.

De nombreux vertébrés de cette époque n'étaient pas de vrais poissons. Ils avaient une épine dorsale et ils nageaient mais ils ne possédaient pas de mâchoires ni de nageoires que l'on retrouve chez les vrais poissons. Mais malgré cela, la plupart des groupes principaux de poissons actuels apparurent au Dévonien.

Les choses commencèrent également à se développer sur terre. Différents types de plantes à spores commencèrent à se développer comme les prêles, les pieds-de-loups et les fougères. Certaines d'entre-elles devinrent très grandes et formèrent les premières forêts. Avec des plantes comme source de nourriture, il ne fallut pas plus longtemps pour que les premiers animaux terrestres se développent. Les insectes furent à l'avant-garde de cette invasion terrestre, suivis de près par les premiers amphibiens (comme on peut le lire à la page 33).

Pendant ce temps, dans l'eau, les vrais poissons ayant une mâchoire et des nageoires prirent la succession des espèces sans mâchoire. A la fin du Dévonien, un groupe de poissons avait commencé une toute nouvelle aventure — ils avaient débarqué sur la terre!

Prononcez...

Dinichthys
Di-ni-ktis

Chirodipterus
Ki-ro-di-pté-rus

Pteraspis
Pté-ra-spis

Birkenia
Bir-ké-nia

Climatius
Kli-ma-ti-us

Acanthodes
A-kan-to-dès

UNE EPINE DORSALE?

L'un des grands pas en avant dans l'évolution fut le développement de l'épine dorsale. Les poissons, les amphibiens, les reptiles, les oiseaux et les mammifères — y compris les hommes évidemment — tous ont une épine dorsale ou colonne vertébrale. Quand cette caractéristique étonnante s'est-elle développée et pourquoi fut-elle une telle réussite?

On ne sait pas avec certitude quel animal fut l'ancêtre des vertébrés (animaux ayant une épine dorsale) parce que nous ne savons pas quel genre de créature nous recherchons parmi les fossiles ou même s'il existe un fossile puisque cela aurait pu être un animal à corps mou.

Cependant il existe une créature vivante qui pourrait nous indiquer à quoi ressemblait l'ancêtre des vertébrés. C'est un petit animal ressemblant à une anguille et que l'on appelle *amphioxus*, connu aussi sous le nom de lancelet. Il vit dans la mer, le corps habituellement enfoncé dans le sable avec la tête qui dépasse. Il aspire l'eau par sa bouche, filtre les particules de nourriture et rejette l'eau par ses branchies. A la place d'une épine dorsale, ce petit animal a tout le long de son dos un rouleau ressemblant à une corde formée de tissu solide, que l'on appelle une notochorde. Le prin-

cipal cordon nerveux se trouve juste au-dessus. Chez les vertébrés, les nerfs sont regroupés d'une façon similaire en suivant la colonne vertébrale de l'animal jusqu'à son cerveau. Vous comprenez maintenant pourquoi les savants croient que la notochorde est le précurseur de l'épine dorsale. En réalité, les jeunes animaux à épine dorsale passent encore par un stade de développement où ils ont une notochorde. L'importance de ce rouleau (que ce soit une notochorde ou une vraie épine dorsale) est qu'il permet de renforcer et de supporter le corps. Il fournit également des attaches à la rangée de muscles le long du corps, leur permettant ainsi de fonctionner d'une façon efficace.

Les eaux chaudes du Dévonien

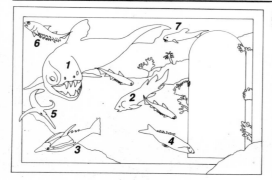

1 Le dinichthys *était un arthrodire de près de 10 mètres de long.*

2 La chirodipterus, *un ancien dipnoïque, ressemblait à ses cousins actuels.*

3 Le pteraspis *(20 cm de longueur) ne possédait pas de vraies nageoires et était probablement un nageur maladroit.*

4 Le birkenia *appartenait aux anaspides, qui, tout comme les ostracodermes, n'était pas muni de mâchoires ni de nageoires.*

5 Le lungmenshanaspis *(25 cm de longueur) était un galéaspide ressemblant à l'ostrocoderme.*

6 Le climatius *appartenait aux acanthodiens. Bien qu'on le voie ici dans la mer, il vivait probablement dans l'eau douce.*

7 L'acanthodes *était un autre acanthodien, l'un des derniers survivants avant que le groupe ne disparaisse.*

DES BRANCHIES AUX MACHOIRES

Les branchies permirent aux vertébrés de faire le bond en avant suivant. Les branchies permettent à un animal vivant dans l'eau d'absorber l'oxygène de l'eau et de respirer. Les branchies étaient soutenues par des os chez les premières créatures qui en furent munies. Mais au cours de leur évolution, ces os se sont rapprochés de la bouche et ont changé de fonction et de position; ils ont formé la mâchoire supérieure et inférieure. A cet endroit, la peau se transforma en écailles osseuses plus grandes et plus coupantes que les écailles habituelles du corps. Celles-ci devinrent les dents. Celui qui est ainsi devenu un poisson était capable de mordre et de mâcher de grands morceaux de nourriture, et même d'attraper de grands animaux.

Ceci fut une amélioration importante. Les mâchoires rendirent possibles de nouveaux modes de vie, au lieu de permettre seulement de filtrer et d'aspirer de petites particules de nourriture se trouvant au fond de la mer. Les poissons évoluèrent rapidement et tirèrent profit de ces nouvelles 'inventions' et bien vite, les mers furent remplies de vertébrés munis de mâchoires et de nageoires.

■ = os
■ = branchies

Branchies utiles

1 L'ostracoderme primitif possède une rangée de branchies identiques reposant sur un support osseux.

2 Chez un poisson plus développé, l'acanthodien, les premières branchies se sont transformées en plaques osseuses dans une orbite. La deuxième série de branchies s'est courbée vers l'avant pour former les mâchoires.

3 Chez un poisson encore plus développé, le requin fossilisé, la troisième série de branchies est devenue une partie de l'organe de l'ouïe.

L'HISTOIRE DE LA NOTOCHORDE

L'*amphioxus* est un petit animal insignifiant de 5 cm de long qui vit tranquillement dans le fond des mers chaudes peu profondes. Il existe environ 25 espèces différentes d'*amphioxus* dans le monde. Toutes possèdent une notochorde — la version ancienne de la colonne vertébrale —, ce qui fait de cet animal un maillon important dans l'histoire de l'évolution. Les savants ne sont pas sûrs qu'il appartient au groupe des vertébrés ou des invertébrés. La plupart le mettent dans un groupe intermédiaire appelé les céphalocordés.

CARAPACES!

Au cours de l'âge des poissons, de nombreux groupes se sont développés et ont disparu. C'est ce qui arriva aux placodermes, un groupe de poissons armés de carapaces. Mais au milieu de la période dévonienne, il y a 370 millions d'années, les placodermes faisaient la loi dans les mers.

Certains placodermes, comme les *ptérichthyodes,* étaient très petits. Cette espèce possédait une étrange carapace qui ne couvrait pas seulement la tête et le corps mais également les nageoires antérieures. La plupart des savants pensent que ce poisson rampait au fond de la mer en utilisant ses nageoires comme des échasses ou des 'pattes' car certains fossiles présentent des traces d'usu-re au bout de leurs nageoires.

Les plus grands placodermes sont appelés arthrodires. Ils possédaient une solide carapace sur la tête, fixée à des plaques tout aussi solides sur la poitrine. Certaines espèces portaient des écailles sur la queue alors que les arthrodires ne présenteront plus tard qu'une peau nue sur la queue. Le *coccosteus* est un arthrodire fossilisé bien connu.

Chez les arthrodires fossilisés de toutes formes et de toutes tailles, on retrouve des rainures qui couvraient tout le corps sur la carapace. Celle-ci renfermait la ligne latérale sensible que possèdent les poissons aujourd'hui. Elle leur permet de sentir les courants d'eau et les mouvements d'autres animaux. Le plus grand arthrodire était le grand *dinichthys* qui avait près de dix mètres de long!

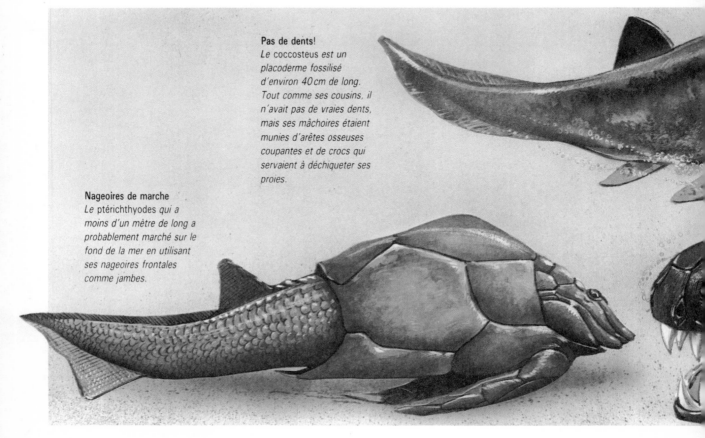

Pas de dents!
Le coccosteus *est un placoderme fossilisé d'environ 40 cm de long. Tout comme ses cousins, il n'avait pas de vraies dents, mais ses mâchoires étaient munies d'arêtes osseuses coupantes et de crocs qui servaient à déchiqueter ses proies.*

Nageoires de marche
Le ptérichthyodes *qui a moins d'un mètre de long a probablement marché sur le fond de la mer en utilisant ses nageoires frontales comme jambes.*

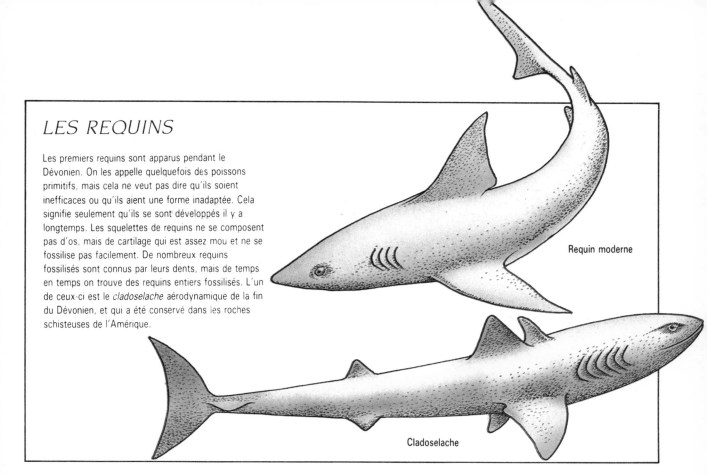

LES REQUINS

Les premiers requins sont apparus pendant le Dévonien. On les appelle quelquefois des poissons primitifs, mais cela ne veut pas dire qu'ils soient inefficaces ou qu'ils aient une forme inadaptée. Cela signifie seulement qu'ils se sont développés il y a longtemps. Les squelettes de requins ne se composent pas d'os, mais de cartilage qui est assez mou et ne se fossilise pas facilement. De nombreux requins fossilisés sont connus par leurs dents, mais de temps en temps on trouve des requins entiers fossilisés. L'un de ceux-ci est le *cladoselache* aérodynamique de la fin du Dévonien, et qui a été conservé dans les roches schisteuses de l'Amérique.

Requin moderne

Cladoselache

Lames osseuses
Le dinichthys était un géant redoutable pour son époque. Son énorme gueule était armée de lames osseuses coupantes de 60 cm de hauteur.

L'AGE DES AMPHIBIENS

La période carbonifère, allant de 345 à 280 millions d'années, est souvent appelée l'âge des amphibiens. Même si les poissons se développaient dans les mers et que de nombreuses plantes et insectes vivaient sur terre, les amphibiens étaient les animaux les plus avancés de cette époque. Ils vivaient sur terre et dans l'eau.

D'immenses forêts humides et marécageuses recouvraient une grande partie du monde carbonifère. Ces marais offraient un habitat idéal pour les amphibiens. Les arbres de ces forêts étaient en réalité des gigantesques prêles et des pieds-de-loups infestés de cancrelats, de libellules géantes, d'araignées et de scorpions. Les amphibiens y trouvaient toutes sortes de nourritures lorsqu'ils sortaient de l'eau.

De nombreux amphibiens ressemblaient à leurs descendants modernes, les tritons — mais certains atteignaient deux mètres de long, c'est-à-dire beaucoup plus que n'importe quel amphibien vivant actuellement. A la fin du Carbonifère, l'âge des amphibiens touchait à sa fin. Beaucoup disparurent, quelques-uns restèrent tels qu'ils étaient, tandis que d'autres retournèrent vivre dans l'eau. Ceux qui restèrent furent capables de vivre d'une façon permanente sur le sol parce que leurs œufs avaient développé des écailles et qu'il ne fallait plus les pondre dans l'eau. C'est ainsi que les amphibiens devinrent des reptiles, les créatures qui allaient dominer le monde pendant des millions d'années.

Prononcez...

Dolichosoma
Do-li-ko-so-ma

Eogyrinus
E-o-ji-ri-nus

Discosauriscus
Di-sko-so-ri-skus

Calamites
Ka-la-mi-tès

Sigillaria
Si-ji-la-ria

Psaronius
Psa-ro-ni-us

DES NAGEOIRES AUX PATTES

A la fin de la période dévonienne, les poissons à arêtes se divisèrent en deux groupes principaux. L'un possédait des 'nageoires rayonnées'. Presque tous les poissons actuels appartiennent à ce groupe. Le second groupe était celui des 'nageoires à lobes'. Aujourd'hui, il n'en reste que quelques espèces. Mais ils existent encore d'une autre façon parce que leurs nageoires à lobes se sont peu à peu développées pour former des pattes! Tous les animaux vivant sur la terre et ayant une épine dorsale — les amphibiens, les reptiles, les oiseaux et les mammifères — descendent du poisson primitif avec des nageoires à lobes.

Cette évolution a pu avoir lieu pendant la période dévonienne parce que certaines parties du monde semblent avoir connu un changement de climat. Les lacs et les étangs ont dû se remplir et s'assécher d'une façon assez régulière. Un poisson avec des nageoires à lobes a pu se traîner sur un banc de vase jusqu'à une mare plus importante et s'échapper lorsque la mare où il se trouvait s'asséchait. Le poisson à nageoires rayonnées, beaucoup plus faible et moins résistant, n'a vraisemblablement pas pu effectuer aussi bien la même opération. Les poissons à nageoires à lobes possédaient un autre avantage. A l'intérieur du corps du poisson, il y avait un sac creux appelé la vessie natatoire. Elle contenait de l'air et rendait le poisson plus léger, lui permettant ainsi de nager plus facilement. Chez la plupart des poissons à nageoires rayonnées cette vessie n'était pas raccordée à la bouche. Chez les poissons à nageoires à lobes elle était raccordée à la bouche à l'aide d'un tube se trouvant dans la gorge. Cela lui permettait d'avaler de l'air et de l'envoyer dans la vessie natatoire. Lorsqu'un étang s'asséchait à la période dévonienne, il pouvait ainsi respirer pendant un certain temps.

Un 'fossile' vivant?
Les dipnoïques étaient des poissons à nageoires à lobes que l'on rencontrait durant la période allant de 370 à 70 millions d'années. Après cette époque, ils disparurent. Mais une espèce de dipnoïque fut redécouverte en 1938. Elle vivait dans les profondeurs de l'océan Indien.

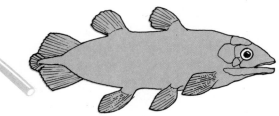

Ancien dipnoïque

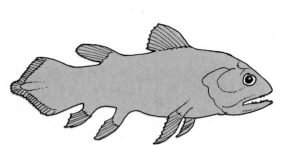

Dipnoïque moderne

La vie dans un marais carbonifère

1 Le dolichosoma *était un ancien amphibien, bien qu'il ressemblât à un serpent. (Les serpents ne s'étaient pas encore développés).*

*2 L'*eogyrinus *(long de 3 mètres) était un autre amphibien qui ressemblait à un reptile — dans ce cas-ci, à un crocodile.*

3 Des insectes géants tels que la libellule meganeura *et les premiers cancrelats vivaient parmi les plantes carbonifères.*

4 Le discosauriscus *était un amphibien de 40 cm de long.*

5 Les calamites, *prêles géantes, mesuraient jusqu'à 20 mètres.*

6 Le sigillaria *était un pied-de-loup géant de 15 mètres de haut.*

7 L'arbre fougère psaronius *atteignait 8 mètres de haut. C'est un cousin de certaines fougères actuelles.*

PEAU ET OS

Chez un poisson à nageoires rayonnées (ci-dessous), chaque nageoire est munie d'une base étroite. La plus grande partie de la nageoire est soutenue par de fins rayons en éventail faits de peau dure.

Chez un poisson à nageoires à lobes (en dessous), il y a un solide lobe de chair à la base de la nageoire. La plus grande partie de la nageoire est soutenue par des os. Des rayons en peau sont seulement placés du côté

extérieur de la nageoire. L'*eusthenopteron* (le poisson du bas) était un poisson à nageoires à lobes d'un mètre de long. Dans le lobe on retrouvait un os long tout près du corps, suivi de deux petits os et d'une série de petits os à la fin. Vous pouvez le voir dans le cercle à gauche. Les os à l'intérieur d'un membre sont placés de façon similaire, comme on peut le voir dans le cercle de droite.

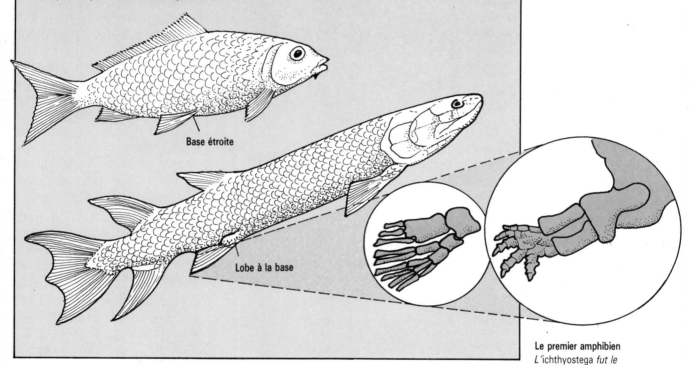

Base étroite

Lobe à la base

Le premier amphibien
L'*ichthyostega fut le premier amphibien. Il possédait une nageoire le long de la queue, mais les autres nageoires étaient devenues des pattes. Chaque patte était munie de cinq doigts. Les fossiles d'adultes n'ont pas de branchies.*

LES AMPHIBIENS SORTENT DE L'EAU

Lorsque les amphibiens se rendirent sur terre, leur vie fut en quelque sorte plus facile. La nourriture était abondante et il n'y avait que peu d'autres créatures de grande taille pouvant les concurrencer. Mais il leur fallut résoudre toute une série de problèmes.

L'air ne soutenant pas le corps d'un animal aussi bien que l'eau, les pattes, les hanches, les épaules et l'épine dorsale durent être renforcées pour permettre aux amphibiens de se déplacer facilement dans leur nouvel environnement.

Lorsque l'on vit sur terre, ce n'est pas facile de voir distinctement. Les yeux des poissons sont constamment baignés dans l'eau et ils sont donc toujours propres et humides. Dans l'air, ce type d'yeux aurait séché rapidement et serait devenu sale. C'est pourquoi des paupières se sont développées pour protéger les yeux — elles étaient capables de battre et de nettoyer la surface de l'œil. Des glandes lacrymales spéciales se développèrent également pour produire les larmes et maintenir les yeux humides.

L'ouïe était un autre problème. Les sons se propageant dans l'eau se déplacent également à travers le corps du poisson. Donc des oreilles encastrées profondément dans le corps du poisson peuvent enregistrer les sons. Mais sur terre, les choses sont tout à fait différentes. Bien des sons se diffusant dans l'air rebondiraient simplement sur le corps d'un amphibien. Pour entendre, il lui fallait des oreilles placées à la surface de son corps. C'est pourquoi deux minces parcelles de peau, les tympans, se développèrent à la surface, juste derrière la tête. Un petit os composant la mâchoire des poissons (voir page 29) s'y rattacha pour transmettre les sons plus profondément dans l'oreille.

Malgré ces adaptations et bien d'autres encore, les gigantesques amphibiens s'éteignirent il y a environ 200 millions d'années.

Peau en cuir?
On a trouvé, surtout en Amérique, des vestiges de l'eryops. Sa peau ressemblait à du cuir, avec seulement de petites écailles. Il se nourrissait probablement dans l'eau, attrapant de petits amphibiens et des poissons.

LA FIN D'UNE EPOQUE

Lorsque les reptiles se sont développés et prirent pied sur la terre, ils firent disparaître la plupart des grands amphibiens ou les rejetèrent à l'eau. Il y a environ 210 millions d'années, l'énorme amphibien *paracyclotosaurus* qui mesurait plus de 2,5 mètres de long resta dans l'eau. Il y avait également un groupe de bizarres petits amphibiens vivant dans l'eau qui étaient munis de faibles pattes et d'une tête munie de cornes osseuses de chaque côté. Le dernier et le plus bizarre fut le *diplocaulus* vivant il y a 260 millions d'années. Il était muni d'un corps d'environ 60 cm de long.

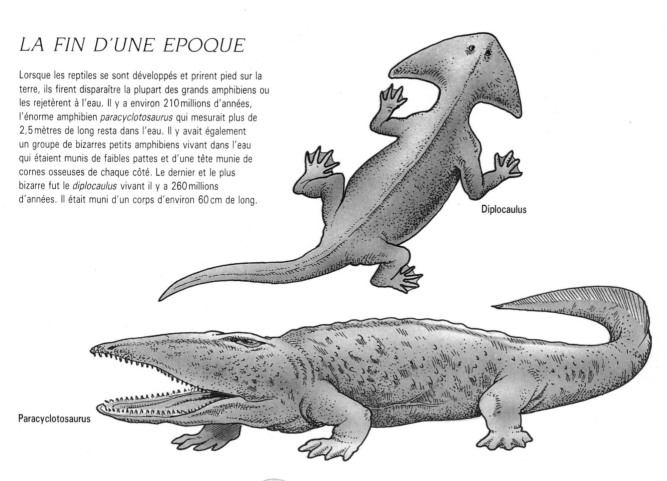

Diplocaulus

Paracyclotosaurus

TETARD A BARBE

On retrouve très rarement sous forme de fossile les corps mous des larves amphibiennes — les têtards. L'animal ressemblant à un têtard, le *gerrothorax* vivant il y a 210 millions d'années, mesurait environ 80 cm de long. Comme les têtards actuels, il possédait des branchies plumeuses lui permettant de respirer dans l'eau. Pourtant, ce n'était pas un jeune. Le *gerrothorax* était un adulte formé, capable de se reproduire. Ce mélange bizarre d'un jeune ressemblant à une larve mais qui pouvait se reproduire comme un adulte normal est appelé néoténie. On le retrouve aujourd'hui encore chez certains amphibiens, tels que l'axolotl.

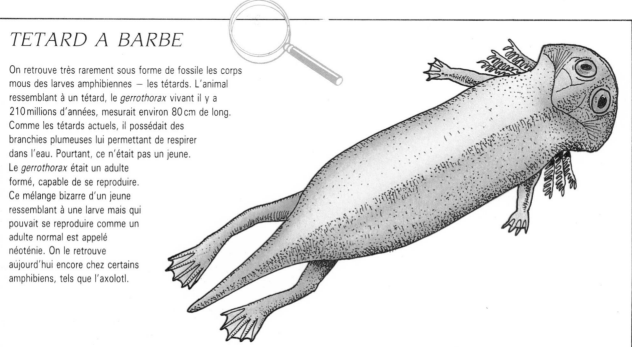

Des œufs mous ou durs?
L'œuf de l'amphibien n'a pas de coquille. Il faut qu'il soit pondu dans l'eau. Cela représente un grand danger pour les œufs et les têtards. L'œuf d'un reptile possède une coquille dure. Il peut être pondu dans un endroit sec, à l'abri des prédateurs.

L'ŒUF MAGIQUE!

Bien que l'âge des amphibiens ait duré longtemps — plusieurs dizaines de millions d'années — les amphibiens ne purent jamais abandonner complètement l'eau. C'est là qu'ils pondaient leurs œufs et que leurs têtards grandissaient. De nombreux adultes amphibiens possédaient des peaux humides et visqueuses qu'ils devaient humidifier régulièrement en nageant. La plupart étaient des mangeurs de poisson et possédaient les dents pointues de leurs ancêtres poissons. Même un des derniers amphibiens comme l'*eryops* avait encore le même genre de dents que le poisson *eusthenopteron*. Mais certains amphibiens se développèrent. Ils formèrent une peau imperméable utile pour passer des régions humides vers des endroits secs. Et ils formèrent un œuf que l'on pouvait pondre sur terre. Ils devinrent donc des reptiles.

Avant la fin de la période carbonifère, il y a 280 millions d'années, les amphibiens formèrent les premiers reptiles. Outre leur peau imperméable écailleuse et l'œuf à coquille, les premiers reptiles trouvèrent également de nouvelles sources de nourriture — les plantes terrestres. Elles étaient beaucoup plus dures que les plantes aquatiques. C'est ainsi que les dents de devant de certains reptiles prirent la forme de ciseaux pour couper les feuilles tandis que les dents de derrière s'aplatirent pour mâcher.

Peu à peu les reptiles remplacèrent les amphibiens pendant les périodes permienne et triassique, il y a 195 millions d'années. A partir de cette époque, les dinosaures et d'autres reptiles géants dirigèrent le monde.

REPTILE OU AMPHIBIEN?

Le *seymouria* vivait il y a 260 millions d'années. Pratiquement toutes les parties de son corps se trouvaient à mi-chemin entre un amphibien et un reptile. A une certaine époque, on a cru qu'il était l'ancêtre de tous les reptiles. Maintenant les savants pensent que c'était un amphibien présentant des caractéristiques de reptile, une branche secondaire sur l'arbre principal de l'évolution.

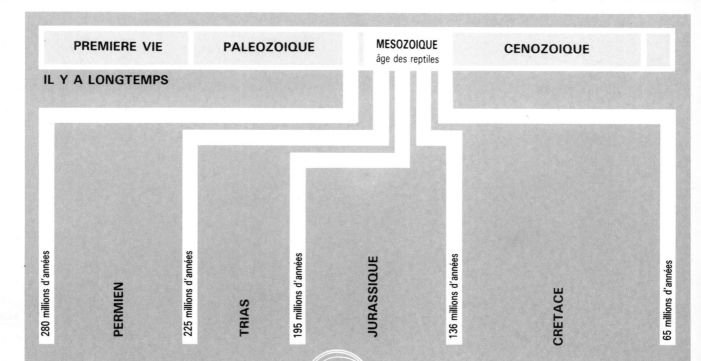

PREMIERE VIE	PALEOZOIQUE	MESOZOIQUE âge des reptiles	CENOZOIQUE

IL Y A LONGTEMPS

280 millions d'années

PERMIEN

225 millions d'années

TRIAS

195 millions d'années

JURASSIQUE

136 millions d'années

CRETACE

65 millions d'années

DEUXIEME PARTIE

L'ERE DES DINOSAURES

Les reptiles — les premiers animaux ayant une épine dorsale et qui vécurent entièrement sur terre — vinrent des grandes régions marécageuses de la période carbonifère. Ils dominèrent le monde en formant une grande variété d'espèces — depuis le grand *diplodocus* mangeur de plantes jusqu'au petit *pterodactylus* volant. Les reptiles les mieux connus de cette époque sont peut-être les dinosaures qui ont régi le monde pendant plus de 100 millions d'années. Leur histoire débute il y a 280 millions d'années, lorsque l'ère des dinosaures allait commencer...

LES REPTILES REGNENT SUR TERRE

Pendant la période permienne, allant de 280 millions à 225 millions d'années, les reptiles se mirent petit à petit à dominer le monde. Les tout premiers reptiles vivaient déjà bien avant cette époque mais ils étaient peu nombreux dans un monde dominé par les grands amphibiens.

Il y a 280 millions d'années, les amphibiens étaient moins nombreux et l'on trouvait des reptiles de tous genres et de toutes tailles. Certains étaient petits et ressemblaient à des lézards. D'autres étaient grands et maladroits. Certains mangeaient les plantes au moyen de dents solides leur permettant de couper la végétation.

Les premiers reptiles ont vraisemblablement vécu en partie dans l'eau. Avec le temps, ils furent capables de sortir complètement de l'eau et de vivre sur terre. La plupart de ces nouveaux habitants terrestres étaient pourvus de membres rattachés aux côtés de leur corps. Ils avaient de larges crânes et une petite cervelle et pondaient des œufs avec coquille qui ne devaient plus éclore dans l'eau. Ils avaient maîtrisé la façon de vivre sur terre mais ils devaient être maladroits et lents comparés aux reptiles plus développés qui vinrent par la suite.

Au fur et à mesure du développement des reptiles, les amphibiens se mirent à décliner. A la fin du Permien, l'âge des reptiles avait débuté — un règne qui allait durer pendant 160 millions d'années.

LA SORTIE DE L'EAU

Après la période permienne, de nombreuses espèces de nouveaux reptiles remplacèrent rapidement les amphibiens. Pourtant, beaucoup de ces nouveaux reptiles avaient le même aspect que les amphibiens qu'ils remplaçaient. En quoi étaient-ils donc différents?

La réponse semble résider dans le fait que leur vie était devenue tout à fait indépendante de l'eau. Certaines adaptations des reptiles le permettaient, par exemple leur peau sèche et écailleuse ne laissant pas échapper l'eau du corps. La plupart des amphibiens ont une peau douce et visqueuse et l'eau s'en évapore rapidement. Cela obligeait les amphibiens à rester près de l'eau ou à proximité d'endroits moites afin de garder leur peau humide. Par contre, les reptiles pouvaient se déplacer sur terre et ne devaient pas rester près de l'eau. L'un

des progrès les plus importants que connurent les reptiles furent leurs œufs. Les amphibiens ont des œufs recouverts de gelée — comme les œufs de grenouille — et ils doivent les pondre dans l'eau. Les œufs donnent naissance à des têtards qui doivent également vivre dans l'eau. (Les amphibiens actuels agissent de la même façon). Les têtards devaient grandir et devenir des adultes avant de pouvoir ramper sur la terre sèche.

Les reptiles ont développé un œuf muni d'une coquille dure et imperméable. Ils pouvaient le pondre n'importe où — même dans un désert. Le jeune reptile avait son 'étang privé' dans l'eau se trouvant à l'intérieur de la coquille, ainsi qu'une bonne réserve de nourriture sous forme de *jaune d'œuf*.

A sa naissance, le jeune reptile était une version en miniature de ses parents. L'œuf avec sa coquille permettait aux reptiles d'être des animaux terrestres à part entière.

Mangeur d'animaux
Le sauroctonus était un reptile primitif vivant il y a 250 millions d'années. Il mesurait 3 mètres de long et ses dents étaient grandes et coupantes — un signe certain que c'était un mangeur de viande.

Le début de l'âge des reptiles

1 L'aræoscelis était un reptile ressemblant à un lézard, mesurant 30 cm de long. Il se nourrissait probablement d'insectes.
2 Le captorhinus (30 cm de long) était un ancien reptile vivant il y a 300 millions d'années. Il avait un crâne lourd et solide et un corps assez maladroit, ressemblant à ses ancêtres amphibiens.
3 Le pareiasaurus était l'un des premiers reptiles mangeurs de plantes.

4 L'edaphosaurus (3 mètres de long), avait, tout comme son cousin de dimetrodon une voile sur le dos. Ses dents nous disent que c'était un mangeur de plantes — ou peut-être de coquillages.
5 Le dimetrodon était un terrible mangeur de viande. Ces fossiles se retrouvent souvent dans les roches qui datent de 260 millions d'années, comme vous pouvez le lire à la page 44.

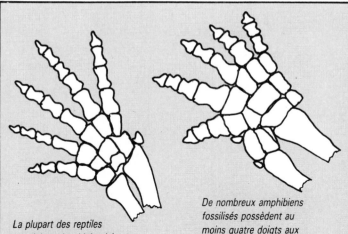

AMPHIBIEN OU REPTILE?

De nombreuses différences entre les amphibiens et les reptiles se retrouvent dans les parties molles de leurs corps. Elles ne sont d'habitude pas conservées comme fossiles. Cependant il existe également quelques différences dans leurs os, qui eux sont conservés. Ces différences nous donnent les éléments nous permettant de comprendre comment les amphibien ont été peu à peu remplacés par les reptiles durant le Permien. Par exemple, dans la colonne vertébrale d'un reptile, il y a deux os qui se rejoignent dans la hanche. Chez un amphibien, il n'y en a qu'un seul. Il existe également une différence entre les os des mains et des pieds, ainsi que vous pouvez le voir à gauche.

La plupart des reptiles possèdent cinq 'doigts' à leurs mains et à leurs pieds. Certains doigts se composent de cinq ou six os.

De nombreux amphibiens fossilisés possèdent au moins quatre doigts aux mains et aux pieds. Chaque doigt comprend seulement trois ou quatre os.

Mangeur de plantes
Le bradysaurus *était un lent reptile mangeur de plantes du milieu du Permien. Ses dents étaient grandes et larges pour mâcher la végétation terrestre.*

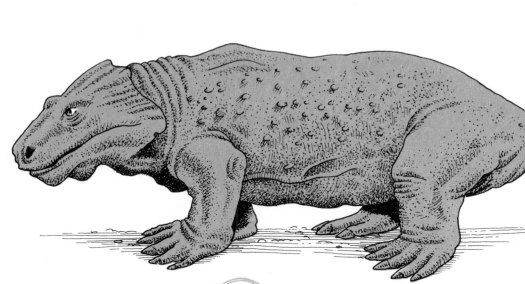

LE PREMIER REPTILE

L'un des tout premiers reptiles découvert à l'heure actuelle est le *hylonomus* vivant il y a 300 millions d'années. En 1852, on découvrit de nombreux fossiles d'hylonomus en Nouvelle-Ecosse dans l'est du Canada. Il semble que ces animaux soient morts enroulés dans des troncs d'arbres, en se protégeant peut-être d'une inondation ou d'un autre danger. Après le *hylonomus,* on trouve différents types de reptiles fossilisés. Il est peu probable que cet animal-ci fut l'ancêtre de tous les autres. C'était un reptile ancien mais vraisemblablement pas le premier.

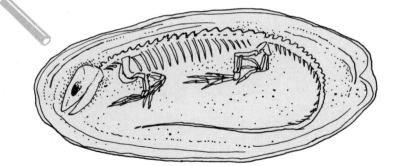

LES VOILES

Certains premiers reptiles les plus intéressants appartiennent au groupe appelé pélycosauriens. On peut penser qu'ils sont de très anciens ancêtres des humains, parce qu'ils appartiennent au même 'arbre généalogique' que la branche qui donna naissance aux mammifères (page 48).

Les pélicosauriens les plus anciens mesuraient la plupart du temps environ un mètre mais ils se développèrent rapidement pour atteindre trois mètres et plus.

Certains pélicosauriens étaient des mangeurs de plantes. Ils possédaient des dents plates, des corps massifs et de petites têtes. Le *cotylorhynchus* était l'un des plus grands. Les autres étaient des mangeurs de viande et ils avaient des corps fins, des têtes larges et des dents pointues. L'un des plus connus est le *dimetrodon*. C'est le reptile fossilisé le plus commun trouvé au Texas dans les roches du début de la période permienne. Ce qui est peut-être le plus extraordinaire chez le *dimetrodon,* c'est l'énorme voile qu'il porte sur le dos. Elle était faite de peau tendue sur de longues pointes — chacune provenant d'un os de la colonne vertébrale. (Le pélicosaurien *edaphosaurus* mangeur de plantes, que l'on voit à la page 41, possédait une voile semblable).

L'explication la plus probable de cette voile est que c'était un premier essai des reptiles pour contrôler d'une façon plus efficace la température de leur corps. Le corps d'un reptile fonctionne lentement et produit peu de chaleur. Il dépend de son environnement pour la chaleur, et en particulier de la chaleur du soleil. Les reptiles baignent dans le soleil pour avoir plus chaud et devenir plus actifs ou se

TOUT COMPRIS!

Le *dimetrodon* fut l'un des reptiles les plus développés de son époque mais il ne se trouvait pas dans la ligne principale de l'évolution des reptiles. Les dinosaures et les autres grands reptiles se sont développés au départ d'un groupe séparé, les thécodontes (voir page 49). Le *dimetrodon* était capable de se réchauffer rapidement le matin à l'aide de sa grande voile absorbant la chaleur. D'autres reptiles, encore endormis par le froid de la nuit pouvaient être une proie facile à ce moment-là.

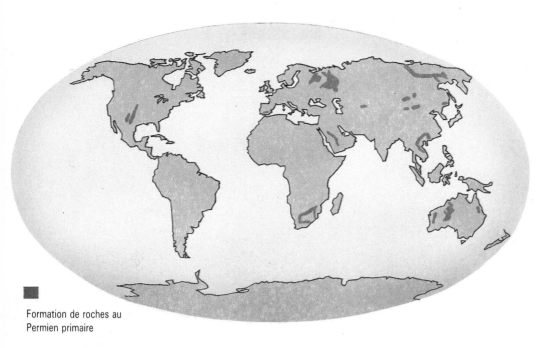

Formation de roches au
Permien primaire

cachent dans l'ombre s'ils ont trop chaud.

Le pélicosaurien pouvait se placer latéralement dans le soleil du petit matin et absorber les rayons chauds pour devenir rapidement actif. Pendant la journée, il pouvait se rafraîchir en se mettant à l'ombre ou en se plaçant face au soleil, ne présentant ainsi qu'une toute petite partie de son corps et de sa voile. Vers le milieu de la période permienne, les pélicosauriens disparurent pour être remplacés par les théropsides (page 49).

Pélycosaurien sans jabot
Le varanosaurus était un pélycosaurien ressemblant à un lézard d'un mètre de long. On a trouvé ses fossiles dans les roches permiennes du Texas.

LES REPTILES DOMINENT

Durant la période assez brève appelée le Trias, il y a 225 à 195 millions d'années, il y eut des changements rapides dans la vie des reptiles. De nombreuses sortes de reptiles se sont développées ou ont rayonné à partir d'espèces vivant auparavant au Permien. Au début du Trias, les dicynodons herbivores croissaient. Bizarrement, ces reptiles ressemblaient aux premiers mammifères. Ils avaient deux petites défenses séparées dans la mâchoire supérieure alors que beaucoup d'entre eux n'avaient pas d'autres dents. Certains n'étaient pas plus grands qu'un chat tandis que d'autres atteignaient deux mètres de long. Leurs cousins carnivores, les *cynognathus*, se développèrent plus tôt mais disparurent bien avant la fin de cette période.

La place des *cynognathus* fut prise par les premiers membres d'un groupe de reptiles en plein développement appelés archosauriens — les reptiles dominants. Les dinosaures appartenaient à ce groupe. Pourtant, les premiers archosauriens n'étaient pas des dinosaures, mais des reptiles appelés thécodontes. Certains thécodontes ressemblaient à des crocodiles maladroits; d'autres étaient minces, légers et vraisemblablement assez agiles. Certains thécodontes comme les *euparkeria* pouvaient placer leurs pattes en dessous de leur corps au lieu de les avoir sur le côté comme les premiers reptiles.

A la fin du Trias, les premiers vrais dinosaures sillonnaient le monde. Très vite ils allaient dominer la terre tandis que les autres reptiles occupaient la mer et l'air.

L'EVOLUTION DES REPTILES

Ceci est un arbre généalogique montrant l'évolution des principaux groupes de reptiles et de leur famille. La première chose à remarquer est que tous les grands reptiles n'étaient pas des dinosaures. Le nom dinosaure signifie lézard terrible et fut inventé en 1841 par Richard Owen, paléontologiste bien connu. Ce n'est plus un terme scientifique exact — on l'utilise beaucoup plus comme un nom générique désignant un grand reptile terrestre disparu.

La seconde chose à remarquer est que l'arbre des reptiles n'est pas bien net. On ne retrouve pas tous les reptiles disparus dans un même groupe menant à un seul groupe de reptiles vivants. Les reptiles vivants se sont développés à partir de différents reptiles disparus. Deux autres groupes très importants — les mammifères et les oiseaux — proviennent de lignes séparées de reptiles. Troisièmement, on peut remarquer qu'au début de l'évolution des reptiles, on ne connaît pas avec certitude les rattachements réciproques. Les thécodontes ont engendré de nombreux groupes de reptiles et ceci est également valable pour les oiseaux mais on ne sait pas comment cela s'est vraiment passé.

Les reptiles primitifs furent les premiers amphibiens à se développer. Ils se développèrent rapidement pour former un groupe spécifique d'animaux. Nos tortues et nos tortues de mer actuelles sont probablement ceux qui ont le moins changé parmi ces animaux.

(A)

(D)

(F) Thécodontes

= Non-dinosaures; autres reptiles, leurs cousins et descendants.

= Archosauriens ('dinosaures'), leurs cousins et descendants.

Reptiles du Trias

1 Le lystrosaurus *appartenait au groupe des reptiles connus sous le nom de dicynodons. C'était sans doute un végétarien pansu qui mâchait les plantes aquatiques avec ses mâchoires qui ressemblaient à un bec.*

2 L'euparkeria *était un reptile agile mesurant moins d'un mètre de long. C'était un thécodonte et il pouvait courir sur ses quatre pattes ou sur ses pattes arrière.*

3 Le coelophysis *était l'un des premiers dinosaures. Il peut avoir utilisé ses longs doigts pour saisir ses proies qui étaient de petits animaux.*

4 Le paradepedon *(2 mètres de long), était un membre du groupe herbivore rhynchosaurien.*

5 Le plateosaurus *fut l'un des premiers grands dinosaures — mesurant jusqu'à 8 mètres de long.*

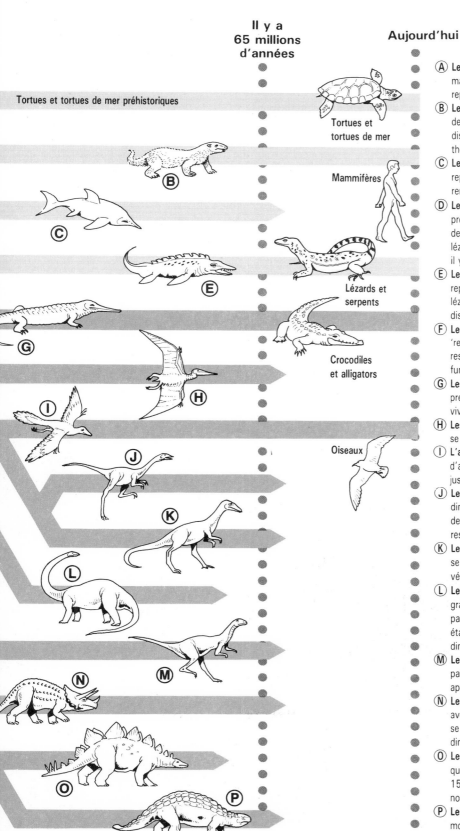

Il y a 65 millions d'années

Aujourd'hui

Tortues et tortues de mer préhistoriques

Tortues et tortues de mer

Mammifères

Lézards et serpents

Crocodiles et alligators

Oiseaux

(A) **Les pélycosauriens** (reptiles ressemblant à des mammifères) furent l'un des premiers groupes de reptiles qui se sont vraiment développés.

(B) **Les thérapsides** étaient des reptiles ressemblant à des mammifères. Lorsque les dinosaures disparurent, les descendants mammaliens des thérapsides dominèrent le monde.

(C) **Les plésiosaures et les ichtyosaures** furent des reptiles marins bien adaptés. Leurs origines remontent à 200 millions d'années.

(D) **Les lépidosauriens** étaient des lézards préhistoriques. Ils se sont développés séparément des dinosaures, il y a 250 millions d'années. Les lézards apparurent d'abord et les serpents vinrent il y a 100 millions d'années.

(E) **Les mosasauriens** étaient de dangereux grands reptiles habitant la mer. Ils ressemblaient fort aux lézards. Tout comme les autres grands reptiles, ils disparurent il y a 65 millions d'années.

(F) **Les thécodontes** étaient un autre groupe de 'reptiles primitifs'. Au début, beaucoup ressemblaient à des crocodiles, mais d'autres furent petits et agiles.

(G) **Les crocodiles préhistoriques** apparurent pour la première fois il y a 200 millions d'années. Certains vivaient dans la mer, d'autres dans l'eau douce.

(H) **Les ptérosauriens** étaient des reptiles volants qui se sont développés il y 200 millions d'années.

(I) **L'archaeopteryx** qui a vécu il y a 147 millions d'années est le plus ancien oiseau découvert jusqu'à présent.

(J) **Les dinosaures-autruches** descendent des dinosaures mangeurs de viande. Ils n'avaient pas de dents mais possédaient une mâchoire ressemblant à un bec.

(K) **Les théropodes** (dinosaures mangeurs de viande) se tenaient sur deux pattes, et pas sur quatre. Ils vécurent à l'époque des dinosaures.

(L) **Les sauropodes** étaient de vrais géants — de grands dinosaures mangeurs de plantes, à quatre pattes. La forme de leurs hanches indique qu'ils étaient vraisemblablement rattachés aux dinosaures mangeurs de viande.

(M) **Les ornithopodes** étaient des herbivores à deux pattes. Les dinosaures à bec de canard appartenaient à ce groupe.

(N) **Les cératopsiens** étaient des dinosaures à cornes avec des becs, ressemblant à des perroquets. Ils se développèrent surtout à la fin de l'âge des dinosaures.

(O) **Les stégosaures** étaient grands et ils avaient quatre pattes. Ils apparurent il y a environ 150 millions d'années mais étaient moins nombreux à la fin de l'âge des dinosaures.

(P) **Les ankylosaures** étaient des dinosaures de taille moyenne, avec quatre pattes assez courtes.

49

Prononcez...

Lystrosaurus
Li-stro-so-rus

Euparkeria
Eu-par-ké-ria

Coelophysis
Ké-lo-fi-sis

Paradepedon
Pa-ra-dé-pé-don

DU TERRAIN AU LABORATOIRE

On trouve des fossiles à toutes sortes d'endroits, depuis les plages jusque dans les hautes montagnes, dans des carrières en exploitation ou des déserts inhabités. L'expert en fossiles doit exécuter différentes tâches lors de sa découverte. Le fossile doit être dégagé avec prudence de la roche. Il faut l'emmener au laboratoire, le nettoyer, le réparer et enfin l'étudier.

Quelquefois un fossile minéralisé est plus dur que la roche qui l'entoure. On laisse alors le fossile dans la roche.

D'habitude les fossiles sont bien encastrés dans la roche et doivent être dégagés. Lorsqu'un fossile est encastré, on enlève sur place autant de roche que possible afin de pouvoir l'emmener plus facilement. Cependant de nombreux fossiles sont trop fragiles pour être complètement dégagés. Dans ce cas, on les consolide avec une sorte de caisse de transport en les recouvrant de plâtre de Bari ou d'une mousse plastique spéciale et dure avant de les découper.

En laboratoire, le fossile est dégagé de sa protection et enfin le reste de la roche est enlevé. Dans le passé, le savant devait utiliser pendant des heures un marteau et un ciseau pour enlever la roche. Cette méthode est encore utilisée pour les spécimens résistants mais il existe maintenant d'autres moyens de les nettoyer comme on peut le voir à la page de droite. L'étape suivante consiste à réparer le fossile. Un os fossilisé peut se composer de différents morceaux qu'il faut coller. Dans les squelettes fossilisés, il manque souvent certains os mais un paléontologiste habile peut les reconstruire.

50

LA RECUPERATION DES FOSSILES

Gratter et forer
Certains spécimens fossilisés sont récupérés à l'aide de petites mèches ou piques à haute puissance — qui ressemblent assez aux outils d'un dentiste! L'opérateur observe souvent son travail au travers d'une loupe.

Le sablage
Si un petit fossile est plus dur que la roche, on peut le sabler. On le place dans une petite boîte et on l'asperge de sable ou de poudre à haute pression ce qui fait disparaître la roche et conserve le fossile.

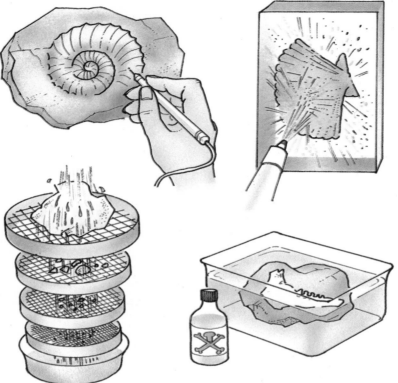

Le nettoyage
Cette méthode est utilisée pour de petits fossiles encastrés dans de la roche — comme la chaux — qui se dissout facilement dans l'eau. On place la roche au sommet d'une tour formée de tamis. On asperge la roche d'eau qui la dissout et les petits fossiles tombent au travers des tamis.

Bain d'acide
Il est utilisé si les fossiles sont encastrés dans certaines roches calcaires qui se dissolvent dans l'acide plus rapidement que le fossile. On plonge à plusieurs reprises le spécimen dans des bains d'acides différents. Entre les bains, on rince l'acide et on peint à l'aide d'une couche résistant à l'acide les parties du fossile qui sont exposées pour les protéger.

Découverte à exposer
*1 Les paléontologues découvrent et commencent à dégager des os fossilisés.
2 Les fossiles sont placés dans du plâtre pour les protéger pendant le transport.
3 Une partie de la découverte — un crâne — est préparée dans un laboratoire pour être exposée.
4 La reconstruction est complète et le squelette fossilisé entier est exposé dans un musée.*

LES DINOSAURES ARRIVENT

Durant la période jurassique, s'étendant de 195 à 136 millions d'années, les dinosaures se sont vraiment développés. Des espèces de toutes formes et de toutes tailles dominèrent la terre.

L'un des plus petits dinosaures, le *compsognathus,* vécut au Jurassique. C'était un chasseur rapide de la taille d'une poule. Les plus grands dinosaures, les sauropodes gigantesques, vivaient également pendant cette période. Ils pouvaient marcher pendant des heures et avaient de longs cous surmontés d'une petite tête. Le géant parmi ces géants était le *brachiosaure,* qui atteignait douze mètres de haut et pesait septante-cinq tonnes. A côté des grands sauropodes, il y avait également d'autres herbivores portant bien souvent de lourdes carapaces. De plus, il y avait aussi de grands carnivores.

Il n'y avait pas de dinosaures dans l'eau mais de nombreux autres reptiles y vivaient. Les ichthyosaures et les plésiosaures (page 61) chassaient leurs proies dans les mers tandis que les crocodiles préhistoriques attrapaient les poissons dans les rivières et les lacs.

Il existe de nombreux fossiles marins provenant de la première partie du Jurassique mais peu de fossiles de créatures habitant sur terre. Cependant des animaux terrestres de la fin du Jurassique sont bien connus par des fossiles trouvés en Amérique et en Afrique orientale.

Prononcez...

Compsognathus
Kon-pso-gna-tus

Apatosaurus
A-pa-to-so-rus

Camptosaurus
Kam-pto-so-rus

Archaeopteryx
Ar-ké-o-pté-rix

LES MANGEURS DE PLANTES

Il est vraiment très rare de trouver des dinosaures fossilisés contenant encore de la nourriture. Il faut donc déduire le genre de vie et la nourriture de ces animaux à l'aide de différents éléments, tels que la taille et la forme de leurs dents, celles de leurs mâchoires, de leurs têtes et de leurs corps.

La plupart des plantes ne sont pas très nourrissantes et de nombreuses plantes sont assez dures. Cela signifie que les mangeurs de plantes (appelés *herbivores*) doivent manger de grandes quantités pour être suffisamment nourris. Ils doivent aussi posséder de grands estomacs et des intestins pour broyer et digérer cette nourriture. Il leur est également utile de posséder des dents et des mâchoires leur permettant de couper et de réduire les plantes en petits morceaux. En général, un mangeur de plantes ne doit pas être très rapide puisque les plantes ne peuvent pas se sauver!

Les plus grands dinosaures étaient des sauropodes comme le *diplodocus* et le *brachiosaure*. Leurs corps énormes pouvaient manifestement contenir une grande quantité de nourriture. Mais qu'en est-il de l'extrémité du corps qui ramassait la nourriture? Certains sauropodes avaient de petites têtes comparées à la taille de leur corps. Leurs mâchoires n'étaient pas

Un long corps
Le diplodocus, *un sauropode, a une tête minuscule pour un énorme corps. Il doit avoir passé tout son temps à manger. Son squelette mesure près de 27 mètres de long.*

Sur les berges d'une rivière pendant le Jurassique

1 Le compsognathus *vivait il y a 140 millions d'années. Il attrapait ses proies, de petits animaux, avec ses mains.*
*2 L'*apatosaurus, *que l'on connaît aussi sous le nom de brontosaure, a un cou de girafe qui laisse supposer qu'il broutait les feuilles des arbres.*
3 Le camptosaurus *(4 mètres de long) était un 'dinosaure à sabots' et marchait probablement à quatre pattes.*

*4 L'*archaeopteryx *(40 cm de long) est un fossile fameux. On l'appelle bien souvent le premier oiseau, mais certains savants l'appellent actuellement un 'dinosaure emplumé'.*
5 Le stegosaurus, *d'une longueur de 6 mètres, a vécu dans les rivières, les grands lacs et les mers à côté d'autres crocodiles géants.*

Mangeurs de plantes à carapace
Le triceratops (à gauche) possédait d'énormes rangées de dents. Ce dinosaure pouvait couper des feuilles de palmier pour se nourrir de la sève. Le stegosaurus (à droite) avait des mâchoires en forme de bec et des dents en forme de feuilles pour couper les plantes juteuses.

très puissantes et leurs dents ressemblaient assez à de petites chevilles. Il est évident que ces dinosaures ne pouvaient pas mâcher des plantes dures. Comment s'y prenaient-ils alors?

La réponse à cette question semble être que certains dinosaures possédaient des gésiers comme les oiseaux. Le gésier ressemble à un 'pré-estomac'. C'est un sac de muscles dans lequel passe la nourriture avalée. Il écrase et presse la nourriture contre des éléments durs tels que des galets ou du gravier que le sauropode a également ingurgités. On a trouvé des squelettes de sauropodes contenant ou gisant près de galets polis. Les sauropodes possédaient donc bien des gésiers parce que les galets ont été polis par le brassage de nourriture.

TOUTES CES DENTS!

Les hadrosauriens comme l'*anatosaurus* vécurent à la fin de l'âge des dinosaures, alors que de nombreuses plantes du monde ressemblaient aux plantes actuelles.L'*anatosaurus* semble s'être nourri de plantes très dures. Nous le savons parce que les restes momifiés (désséchés) de l'un de ces dinosaures ont été trouvés alors qu'il avait encore des brindilles, des semences et des aiguilles de conifères dans l'estomac. Pour absorber cette nourriture, les hadrosauriens étaient pourvus de rangées de dents terribles sur les côtés de leur gueule. Ces dents n'arrêtaient jamais de pousser et étaient remplacées (comme celles de la plupart des reptiles). L'*anatosaurus* pouvait avoir 2.000 dents dans la gueule!

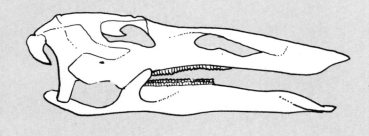

Crâne d'anatosaurus

UN DINOSAURE A DINER

La viande est un élément nutritif concentré. Les mangeurs de viande (appelés *carnivores*) n'en consomment d'habitude pas d'énormes quantités et s'ils ont ingurgité un important repas, il peut se passer un certain temps avant qu'ils ne mangent à nouveau. C'est pourquoi le corps et les intestins d'un carnivore ne doivent pas être très grands.

Pourtant, ce dont a besoin un mangeur de viande, c'est un système pour attraper et déchirer sa proie. De nombreux mangeurs de viande possèdent une bonne vue ou un bon odorat pour les aider à trouver et à poursuivre leur repas. Leur cervelle peut être assez grande parce qu'ils ont besoin d'un comportement flexible, dit intelligent, lorsqu'ils chassent. Leurs griffes et leurs dents sont d'habitude grandes et pointues. Ils peuvent être rapides ou agiles.

Les 'tigres' dans le monde des dinosaures étaient des animaux comme l'*allosaurus* — avec ses douze mètres de long. Ce chasseur était beaucoup plus grand que n'importe quel tigre! Les fossiles attestent que son crâne était léger mais grand, 90 centimètres de longueur, et que ses dents étaient féroces et pointues comme des couteaux. Ses pattes avant et arrière se prolongeaient par de longues griffes pointues. Un prédateur de ce genre était capable de saisir et de maintenir sa nourriture dans ses griffes tout en la dépeçant avec ses dents.

Un adversaire redoutable
*L'*allosaurus *a vécu il y a environ 150 millions d'années. Il utilisait sa longue et lourde queue comme balancier lorsqu'il se déplaçait sur deux pattes.*

UN CARNIVORE!

Ceci est le dernier dinosaure découvert, le *baryonyx walkeri*. Ce dinosaure fossilisé a été trouvé en 1983, dans une carrière d'argile au sud de l'Angleterre. Il fut appelé *walkeri* du nom de celui qui l'a découvert, le collectionneur de fossiles William Walker. Son premier nom *baryonyx* signifie 'lourde griffe'. Il possède une griffe immense — de plus de 30 cm long — à chacune de ses pattes. Il les utilisait vraisemblablement pour transpercer ses proies.
Le *baryonyx* diffère des autres dinosaures connus. Il devait avoir une taille de 4,5 mètres et peser environ 2 tonnes.

Dents et griffes
Le baryonyx *a un long museau comme un alligator, et toute une série de dents pointues. Les savants ont découvert que le* baryonyx *était un carnivore et que son museau est un élément indiquant qu'il mangeait du poisson.*

Un voleur d'oiseaux
L'ornitholestes était un carnivore léger. Ses mâchoires fossilisées n'ont pas de dents, ce qui laisse penser qu'il était muni d'un bec comme un oiseau, lui permettant d'attraper des insectes et d'autres petits animaux.

Le plus grand carnivore de tous les temps fut le *tyrannosaurus*. Il vécut vers la fin de l'âge des dinosaures. Ce grand chasseur mesurait 12 mètres de long, 5 mètres de haut et pouvait peser 7 tonnes. Son crâne et ses mâchoires étaient très solides, éventuellement pour résister aux combats contre ses proies.

On a pensé que le *tyrannosaurus* était un charognard se déplaçant lentement — c'est-à-dire qu'il prenait sa nourriture sur des cadavres ou des mourants. Mais la forme de son corps ainsi que son crâne et ses dents nous indiquent que c'était un animal actif. On n'a pas retrouvé de fossile de ses 'mains', que l'on a alors reconstituées en se basant sur son cousin l'*albertosaurus* qui possédait deux petits doigts. On se demande encore comment ce dinosaure puissant utilisait ses bras minuscules. Ils étaient tellement courts qu'ils ne pouvaient même pas atteindre sa bouche!

A LA DECOUVERTE DES DINOSAURES

On a découvert des os fossilisés de dinosaures depuis des centaines d'années. Mais au début, personne ne savait ce que c'était. Certaines personnes pensaient qu'il s'agissait d'os d'hommes géants. Il y a environ 160 ans, on commença à se rendre compte qu'il s'agissait de vestiges de reptiles géants disparus.

En 1822, Gideon Mantell, un géologue amateur, découvrit quelques grandes dents sur un tas de gravier au bord de la route. Mantell constata que le gravier provenait d'une certaine carrière où il trouva d'autres fragments. Mais les dents étaient différentes de tout ce qu'il avait vu auparavant. Même les experts ne purent l'aider. Ils considéraient que ces dents appartenaient à un rhinocéros ou à un autre grand mammifère.

Enfin Mantell rencontra quelqu'un qui avait vu des dents semblables mais beaucoup plus petites. Elles appartenaient au lézard sud-américain l'*iguane*. L'idée de Mantell qui pensait que les dents fossilisées provenaient d'un reptile semblait exacte. Il inventa le nom *iguanodon* ('dent d'iguane') pour désigner l'animal qu'il pensait être un lézard géant.

En 1824, un autre géologue, William Buckland, examina quelques fragments fossilisés parmi lesquels se trouvait une mâchoire avec des dents. Il pensa qu'elle provenait d'un grand reptile fossilisé carnivore qu'il appela *megalosaurus*.

En 1858, on découvrit des fossiles de dinosaures aux Etats-Unis. Ils appartenaient à un squelette d'*hadrosaurus*. Joseph Leidy réalisa la première reconstitution correcte d'un dinosaure. Peu après, les gens commen-

cèrent à comprendre l'origine des traces d'une sorte d'oiseau géant qui avaient été découvertes dans le Massachusetts en 1802. C'étaient en réalité les empreintes d'un dinosaure. Un très grand nombre de découvertes de dinosaures furent faites en Amérique du Nord dans la deuxième moitié du 19e siècle. Ceci était dû en partie à la rivalité existant entre deux chercheurs de fossiles, Edward Cope et Charles Marsh. En vingt ans, de 1870 à 1890, ils trouvèrent plus de cent trente nouvelles sortes de dinosaures. Bien vite des fossiles de dinosaures furent trouvés dans d'autres pays. A l'heure actuelle, on a trouvé des fossiles de dinosaures pratiquement dans le monde entier.

DINOSAURE CONNU

L'*iguanodon* est non seulement l'un des premiers
dinosaures jamais découverts, il est aussi très connu. En
1878, on a découvert dans une mine en Belgique toute
une collection de squelettes fossilisés d'iguanodons. Le
tableau de cette découverte devait ressembler à celui qui
est représenté sur cette vieille peinture ci-contre à gauche.
Les savants ont passé des années à étudier les os — tout
comme le firent de nombreux visiteurs intéressés dans le
musée (ci-dessous à gauche). Nous connaissons
maintenant ce dinosaure ornithopode mieux que n'importe
quel autre. Il a vécu il y a environ 115 millions d'années et
mesurait jusqu'à 9 mètres de long. L'*iguanodon* (représenté
vivant ci-dessous) mangeait vraisemblablement des plantes
qu'il coupait avec la partie antérieure de sa gueule
ressemblant à un bec. Il écrasait ensuite sa
nourriture avec les molaires se trouvant dans
le fond de sa gueule.

LES REPTILES DES MERS

Durant l'époque où les dinosaures dominaient la terre, d'autres reptiles prirent possession des mers. Un groupe qui se développa brièvement durant la période triassique fut les placodontes. Ils avaient des dents plates pour croquer les crustacés et certains portaient une carapace comme les tortues de mer. Les fossiles des premières vraies tortues de mer provenaient du Trias. A la fin de l'âge des dinosaures, les tortues de mer ressemblaient à ce qu'elles sont aujourd'hui.

Les ichthyosaures étaient des reptiles habitant les mers durant la période jurassique. Leur nom signifie poisson-lézard. Ils avaient une nageoire, comme le poisson, au milieu de leur dos et une grande queue pour les propulser dans l'eau. Leurs membres étaient devenus des nageoires de gouvernail. Les plésiosaures formaient un autre groupe de reptiles marins vivant dans les mers jurassiques. Ils étaient munis de membres ressemblant à des nageoires qu'ils utilisaient pour se déplacer dans l'eau. Le mosasaure vivant à la fin du Crétacé était un autre reptile géant des mers. C'était un cousin de grande taille du lézard actuel et il possédait des rangées de dents pointues.

Toutes les créatures présentées ici n'ont pas vécu en même temps. Pourtant, pendant l'âge des reptiles, peu de créatures marines étaient à l'abri des reptiles prédateurs des mers. Mais tout cela n'a servi à rien. Lorsque les dinosaures terrestres disparurent ainsi que leurs cousins volants, les reptiles marins disparurent avec eux.

Prononcez...

Archelon
Ar-ké-lon

Placodus
Pla-ko-dus

Henodus
E-no-dus

Ichthyosaurus
Ik-ti-o-so-rus

REUSSITE OU ECHEC?

Bien souvent les gens utilisent le mot dinosaure pour désigner quelque chose de grand, de vieux et qui fut un échec! Mais est-ce que les dinosaures furent vraiment un échec? Si l'on considère qu'ils ont disparu alors que d'autres créatures comme les mammifères ont survécu, ils furent un échec. Cependant ceci peut avoir été causé par des changements très inhabituels du monde qui les entourait.

Il est impossible de dire ce qui serait arrivé si les dinosaures avaient vécu. Mais nous savons que, jusqu'au moment de leur disparition il y a 65 millions d'années, ils ont été une grande réussite. Ils ont dominé la terre et ils se développèrent encore pour former de nouvelles espèces améliorées. On a quelquefois dit des dinosaures qu'ils étaient bêtes et lents. Certains l'étaient peut-être. Par exemple, le *stégosaurus* possédait une cervelle étonnamment petite pour sa taille. Sa cervelle n'avait que 3 centimètres tandis que son corps mesurait 6 mètres de long! Mais beaucoup d'autres dinosaures n'avaient pas une cervelle particulièrement petite.

Il existe une grande discussion pour savoir si les dinosaures avaient le sang froid comme les reptiles actuels ou le sang chaud leur permettant de conserver une température constante

L'ancêtre des mammifères
Les fossiles du megazostrodon *ont été découverts en Afrique du Sud. Ce premier mammifère vivait à l'époque où les dinosaures commençaient à régner.*

Une cervelle, mais pas de muscles
Le stenonychosaurus *a vécu il y a environ 80 millions d'années. Sa grande tête contenait une grande cervelle en comparaison à son corps qui ne mesurait que 1,5 mètre de long. Il a pu être un chasseur assez intelligent, piégeant ses proies.*

dans leur corps comme les oiseaux et les mammifères. L'intérieur de certains os fossilisés de dinosaures ressemble à l'intérieur des os de mammifères, ce qui permet à des savants de dire qu'ils avaient un sang chaud.

Habitants de l'océan à l'âge des reptiles

1 *L'archelon mesurait jusqu'à 4 mètres de longueur et pesait trois tonnes, ce qui fait de lui la plus grande tortue de mer connue.*
2 *Le placodus vivait dans les mers peu profondes et sur les plages. Il pouvait atteindre plus de 2 mètres de long et se nourrissait de crustacés.*
3 *L'henodus (1 mètre de long), un placodonte, vivait dans les mers du Trias. Il ressemblait à une tortue.*

4 *L'ichthyosaure était l'un des poissons-lézards les plus connus et mesurait environ trois mètres de long. Il chassait en groupe, attrapant surtout les belemnites dont on a retrouvé des coquilles à l'intérieur de certains ichthyosaures fossilisés.*
5 *Le cryptoclidus de trois mètres de long était un plésiosaure. Certaines personnes qui croient au monstre du Loch Ness pensent qu'il s'agit d'un plésiosaure.*

Certains dinosaures étaient très semblables par leur taille ou leur forme à certains animaux actuels. Par exemple l'*hypsilophodon* ressemblait à une antilope, tandis que le *palaeoscinus* ressemblait à un tatou. Ces similitudes sont dues au fait qu'ils se sont développés dans un environnement semblable et qu'ils ont vécu un même genre de vie que leurs sosies actuels. De telles similitudes s'appellent des *convergences évolutionnistes*.

Hypsilophodon

Palaeoscinus

D'autres savants déclarent qu'un grand dinosaure qui vivait dans un climat que nous supposons chaud aurait eu chaud de toute façon. Pour le moment, la discussion se poursuit. Mais pour autant que nous puissions le savoir, tous les dinosaures étaient primitifs. Ils pondaient des œufs et ne mettaient donc pas de petits au monde comme la plupart des mammifères. Ils ne possédaient pas non plus certaines améliorations physiques rattachées à l'acte de mettre bas. A ce point de vue, les dinosaures n'atteignaient pas l'évolution d'autres reptiles tels que les thérapsidés (page 49).

L'APOGEE DES DINOSAURES

Les dinosaures atteignirent leur apogée durant la période crétacée, il y a 136 à 65 millions d'années. A ce moment-là, une plus grande variété de dinosaures présentant des caractéristiques plus développées recouvrait la terre. Les grands sauropodes quadrupèdes existaient toujours mais lorsqu'ils commencèrent à disparaître, ils furent remplacés par de nouvelles sortes d'herbivores. Parmi eux se trouvait l'*iguanodon*.

Au début du Crétacé, le paysage chaud et humide était différent de ce que nous connaissons aujourd'hui. De grandes plantes comme les fougères et les cycas existaient depuis longtemps mais de nouvelles plantes les ont remplacées petit à petit. Il y avait des fleurs et des arbres — que nous connaissons encore maintenant. Pourtant il n'y avait pas encore d'herbe.

A la fin du Crétacé, on pouvait reconnaître de nombreuses plantes et animaux sur la terre. On trouvait des chênes et des magnolias. Des canards et des hérons vivaient sur les lacs et les rivières. Les dinosaures s'adaptaient bien et à la fin du Crétacé, il existait toute une série d'espèces. Les herbivores comprenaient les ornithorynques, des dinosaures quadrupèdes avec carapace et corne. Ces herbivores constituaient une nourriture pour de nombreux mangeurs de viande comme le plus grand carnivore qui ait jamais existé sur terre — le dinosaure *tyrannosaure* du Crétacé. Qui aurait pu deviner qu'après quelques millions d'années, tous les dinosaures auraient disparu à jamais?

LA VIE DE FAMILLE

Nous pouvons seulement deviner les réponses aux nombreuses questions concernant la façon dont les dinosaures vivaient. Vivaient-ils en groupe? Prenaient-ils soin de leurs petits? Les mâles ressemblaient-ils aux femelles? Comment se reproduisaient-ils? Nous ne connaîtrons vraisemblablement jamais la vérité au sujet de la plupart des dinosaures. Pourtant, de temps en temps, les fossiles soulèvent un petit morceau de voile sur ce passé fascinant.

NIDS CREUX

On a trouvé en Mongolie des nids fossilisés de petits dinosaures *protoceratops*. Ces nids étaient des trous que le dinosaure creusait dans le sable. A l'intérieur des nids, il y avait environ douze œufs, déposés suivant une sorte de spirale comme ils avaient été pondus.

Des fossiles de ce dinosaure ont été découverts à différentes étapes de son évolution, depuis l'éclosion jusqu'à l'âge adulte. Nous savons maintenant comment le *protoceratops* a changé de taille et de forme au cours de sa croissance.

Un tableau américano-asiatique pendant le Crétacé

1 Le corythosaurus, *qui atteignait 13 mètres de long, était un dinosaure 'à bec de canard'.*
2 Le tyrannosaurus, *le plus grand mangeur de viande de tous les temps, avait des dents pointues de 15 cm de long avec lesquelles il tuait et dépeçait ses proies.*
3 Le styracosaurus *(5 mètres de long) portait une série de cornes sur sa tête carapacée. Il mangeait des plantes.*

4 Le deinonychus *était juste un peu plus grand que l'homme. Il utilisait vraisemblablement les griffes de son deuxième doigt pour abattre ses proies.*
5 L'ornithominus *était un des 'dinosaures-autruches'.*
6 Le triceratops *était un des derniers dinosaures. Il vécut jusqu'il y a 65 millions d'années.*

LES TROUPEAUX

Quelquefois, on trouve ensemble de nombreux dinosaures d'un même type. Ceci peut amener les savants à penser qu'il s'agit d'un troupeau anéanti par une tragédie. Mais d'autre part, ces troupeaux peuvent être des os rassemblés au cours d'une certaine période, et probablement placés là par une inondation annuelle. Des traces de vingt dinosaures ou plus se déplaçant tous ensemble dans la même direction sont de bonnes preuves de l'existence d'un troupeau. Les traces d'*iguanodons* montrées ici indiquent souvent que plusieurs animaux se déplaçaient ensemble. Si l'on se base sur nos connaissances des grands mangeurs de plantes actuels, comme les zèbres et les antilopes, il semble plausible que certains dinosaures herbivores vivaient en groupe. Cela les protégeait contre les grands mangeurs de viande.

Pères et mères
Est-ce que les dinosaures mâles et femelles avaient une apparence différente? En se basant sur ce que nous connaissons des reptiles actuels, la réponse est sans doute oui. Deux types d'iguanodons ont été découverts en Europe. L'un était plus grand et plus lourd que l'autre. Ils auraient pu appartenir à des espèces différentes, mais certains savants pensent qu'il s'agit de mâles et de femelles d'une même espèce.

NIDS D'OISEAUX?

Le nid fossilisé le plus intéressant appartient à l'hadrosaurien *maiasaurus*. Ces dinosaures faisaient des nids bordés de boue et, après l'éclosion, il semble que le jeune restait dans le nid un certain temps. Nous savons ceci parce que, à côté de progénitures venant d'éclore, on a trouvé dans les nids fossilisés les restes d'autres jeunes déjà plus évolués. Ceux-ci avaient des dents, ce qui semble indiquer qu'ils étaient nourris dans le nid par les parents.

LES REPTILES S'ENVOLENT

Quelques variétés de reptiles se sont mises à voler. Le lézard moderne, dit dragon volant, plane d'arbre en arbre au moyen d'ailes faites de peau tendue. Il y a 200 millions d'années, le *kuhneosaurus* planait et possédait de meilleures ailes que son cousin actuel. Mais planer de cette façon, ce n'est pas vraiment voler. Les reptiles qui maîtrisaient vraiment les airs — autres que ceux qui sont devenus des oiseaux — furent les ptérosauriens.

Les ptérosauriens, tout comme les dinosaures, proviennent d'un groupe d'archosauriens au corps léger (page 47). D'une certaine façon, leur corps ressemblait assez bien à celui des oiseaux, mais les ptérosauriens se sont développés séparément.

Chez les ptérosauriens, les membres antérieurs devinrent des ailes. Les bras et les mains demeurèrent identiques à ceux d'autres reptiles et la grande différence se retrouvait dans les doigts. Ils en avaient trois à l'avant tandis que le quatrième était tout à fait extraordinaire. Chacun de ses os s'était allongé énormément, afin de supporter l'aile elle-même. L'aile était faite de peau sans plumes. Son contour se voit très bien sur certains fossiles.

On a cru que les ptérosauriens ne faisaient que planer au-dessus de la mer où ils pêchaient pour retourner ensuite vers les rochers et les îles pour s'y percher. Les savants pensaient que les muscles des ptérosauriens n'étaient pas suffisamment solides pour faire battre les ailes, que l'animal était trop maladroit pour se déplacer sur la terre et qu'il ne pouvait s'envoler qu'en sautant d'un arbre ou d'un rocher. Mais après avoir étudié plus attentivement les ptérosauriens et découvert de nouveaux fossiles, il semble qu'en réalité aucun de ces propos ne soit vrai. Les ptérosauriens peuvent très bien avoir volé aussi bien que les oiseaux. Comme c'étaient des animaux actifs et volants, ils ont dû avoir le sang chaud. Certains savants émirent l'idée que les ptérosauriens pouvaient avoir une fourrure pour les garder au chaud, et certains experts ont cru voir des traces de poils dans les fossiles.

Le géant nécrophage
En 1972, on a découvert les restes de l'immense quetzalcoatlus. Ils n'étaient pas complets mais ils laissaient voir une créature semblable au pteranodon muni d'une paire d'ailes longues de 15 mètres. Il est probable que ce monstre ait vécu sur terre et pas en mer, et qu'il se nourrissait de cadavres, comme le fait le vautour.

Ptérodactyle

Pteranodon

Rhamphorhynchus

Des ptérosauriens de toutes tailles

Certains ptérosauriens étaient très petits. Le ptérodactyle vieux de 150 millions d'années avait la taille d'un étourneau. Il attrapait sans doute des insectes avec ses petites dents, tout en volant. D'autres étaient plus grands.

Le rhamphorhynchus d'il y a 140 millions d'années avait une envergure de 1,5 mètre. Sa longue queue lui servait de contrepoids et de gouvernail lorsqu'il changeait de direction en l'air. Il avait des dents pointues et mangeait peut-être des poissons. Certains ptérosauriens, comme le grand pteranodon vivant il y a 80 millions d'années, n'avaient pas de dents. Il avait une envergure dépassant 7 mètres et a peut-être été le ptérosaurien équivalent à l'albatros, qui passe de longues périodes à planer sans effort au-dessus de l'océan.

CONSTRUITS POUR VOLER

De nombreuses parties du corps d'un ptérosaurien étaient faites pour voler, comme pour un oiseau d'aujourd'hui. Remarquez-vous d'autres similitudes entre les ptérosauriens et les oiseaux?

Des os légers munis de trous afin de réduire le poids de leur ossature.

Un corps poilu pour garder la chaleur.

Chez certains ptérosauriens, les pattes ressemblaient à celles d'un petit dinosaure. Ces ptérosauriens pouvaient sans doute marcher

Une grande cervelle, dont les parties réservées à la vue et à l'équilibre étaient spécialement importantes.

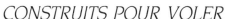

Une cage thoracique grande et plate pour fixer les muscles puissants qui agitaient les ailes.

Les grands animaux lents ont besoin d'une protection contre les prédateurs. Chez de nombreux dinosaures, cette protection prit la forme d'une sorte de carapace. On a trouvé de la peau fossilisée de dinosaure portant de larges écailles dures.

Chez le groupe de dinosaures appelé ankylosaurien, comme l'*euoplocephalus,* tout le dos était muni d'une carapace avec des protubérances osseuses sur la peau. De solides plaques osseuses recouvraient la tête et des piquants étaient plantés sur le cou et les épaules. De petits piquants étaient placés sur le dos jusqu'à la base de la queue. La queue elle-même possédait de grands os solides et son extrémité était munie d'une énorme massue faite de plaques d'os fixées ensemble sur la peau.

Le lent stégosaure portait aussi une carapace. Elle était faite de plaques osseuses le long du dos. Ces plaques étaient alternées, en commençant par de petites plaques derrière la tête suivies de plaques de plus grande taille jusqu'aux hanches et à la base de la queue. Le bout de la queue portait des piquants. Certains savants ont suggéré que ces plaques osseuses se trouvaient à plat sur le dos du dinosaure mais la plupart d'entre eux pensent qu'elles étaient redressées.

En position verticale, ces plaques auraient pu avoir un autre usage, outre la protection qu'elles offraient. Des plaques recouvertes de peau, de cette dimension et dans cette position, auraient pu aider à absorber la chaleur lorsqu'il faisait froid ou à la perdre lorsqu'il faisait chaud (comme la voile du *dimetrodon* représentée à la page 41). Les plaques osseuses fossilisées présentent de nombreuses petites rainures qui auraient pu être de petits vaisseaux sanguins. Ceci aurait augmenté l'efficacité des plaques en tant que régulateurs de température.

Une carapace comme protection
L'ankylosaurien euoplocephalus *était tellement bien protégé qu'il avait même de dures plaques osseuses sur les paupières!*

L'APPEL DE LA NATURE

Certains dinosaures 'à bec de canard' avaient une crête sur la tête. Mais les fossiles indiquent que cette crête n'était pas osseuse. Elle était creuse, laissant passer l'air entre les narines et la gorge. On peut supposer qu'elle était utilisée comme chambre de résonnance afin d'amplifier les cris des dinosaures. Les alligators actuels produisent des appels extrêmemert puissants à la saison des amours. Les reptiles préhistoriques auraient pu faire de même. Un dinosaure tel que le *parasaurolophus*, mesurant 10 mètres de long, avait une crête d'un mètre. Si elle résonnait lorsque le dinosaure lançait un appel, le son aurait pu être entendu à plusieurs kilomètres!

Se cogner la tête
Le stegoceras mâle *peut avoir utilisé sa tête puissante pour se jeter sur ses rivaux masculins pendant la période de reproduction, comme le montre l'image ci-dessous. Le vainqueur du combat pouvait éventuellement s'accoupler avec les femelles. Ce dinosaure appartient au groupe appelé 'les têtes à dôme'.*

Rafraîchissement
Les plaques se trouvant sur le dos du stégosaure l'aidaient à contrôler sa température.

LE MONDE DU DINOSAURE CHANGE

Alfred Wegener
Explorateur allemand et théoricien en géologie, Wegener avança pour la première fois en 1915 l'idée de la 'dérive des continents'.

Les animaux et les plantes n'ont pas été les seuls éléments à se développer et à changer à l'âge des dinosaures. La terre sur laquelle marchaient les dinosaures était elle-même en changement.

Nous pensons peut-être que la Terre et ses continents sont fixes. En réalité les continents se déplacent peu à peu sur la surface de la Terre et prennent de nouvelles positions.

Ils se déplaçaient déjà bien avant l'époque des dinosaures. Lorsque les dinosaures apparurent, les masses formant la terre étaient rassemblées en un supercontinent que les savants ont appelé Pangaea. Durant des millions d'années, il s'est divisé et les différentes parties se sont déplacées pour prendre les positions que nous connaissons par les cartes et les photos actuelles. L'idée d'une dérive des continents fut émise pour la première fois en 1915 par Alfred Wegener qui remarqua la découpe des continents et la formation des roches. A cette époque, ses idées furent rejetées, mais on considère aujourd'hui qu'elles étaient vraies.

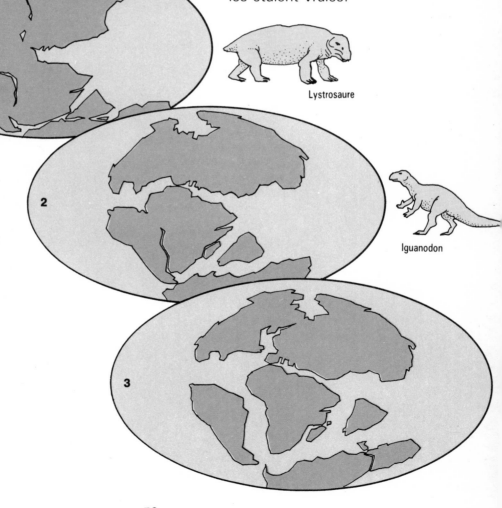

Lystrosaure

Iguanodon

1 Au Trias, les animaux pouvaient passer d'un continent à l'autre. Les fossiles du *lystrosaurus*, par exemple, ont été trouvés pratiquement partout, et les premières espèces de dinosaures primitifs étaient également très dispersées.

2 Les continents commencèrent à s'éloigner les uns des autres au Jurassique. Certains passages permettaient aux espèces de se trouver à des endroits qui sont maintenant séparés comme l'Afrique et l'Amérique du Sud.

3 Les distances séparant les terres augmentèrent et de nombreuses mers apparurent au cours du Crétacé, tandis que les continents prenaient les positions que nous connaissons actuellement. Différentes espèces de dinosaures se développèrent sur ces terres — jusqu'au moment où une catastrophe mystérieuse les fit tous disparaître.

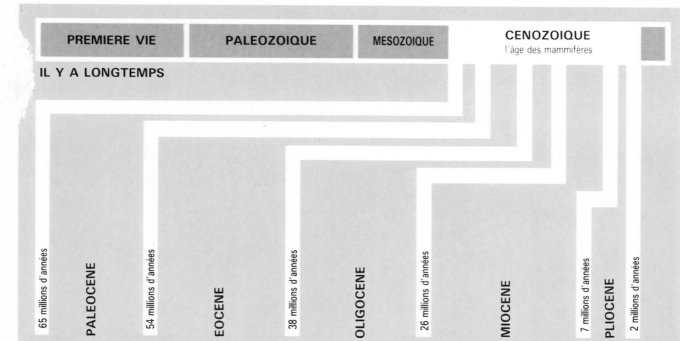

PREMIERE VIE   PALEOZOIQUE   MESOZOIQUE   CENOZOIQUE
l'âge des mammifères

IL Y A LONGTEMPS

65 millions d'années — PALEOCENE

54 millions d'années — EOCENE

38 millions d'années — OLIGOCENE

26 millions d'années — MIOCENE

7 millions d'années — PLIOCENE

2 millions d'années

TROISIEME PARTIE

LES MAMMIFERES PUISSANTS

La disparition des dinosaures laissa la place à
un tout nouveau groupe de créatures — un
groupe qui est passé d'une position marginale
à une place centrale dans l'histoire de la Terre
et de ses habitants. Ce groupe était celui des
mammifères, les premières créatures mettant
bas un petit être vivant. Depuis la minuscule
souris au mammouth gigantesque, ils ont suc-
cédé aux dinosaures et ont marqué le début
d'une nouvelle époque du développement de
notre planète.

73

LES PREMIERS MAMMIFERES

Les dinosaures disparurent il y a 65 millions d'années. Nous ne saurons peut-être jamais à quelle vitesse cela s'est produit. Ce fut rapide si l'on s'en tient aux fossiles trouvés dans les roches, mais cela s'est passé il y a tellement longtemps qu'il nous est pratiquement impossible de dire s'ils sont morts en quelques mois ou en quelques milliers d'années.

Ce qui est certain, c'est que les dinosaures qui avaient été les animaux les plus grands, les mieux adaptés et vraisemblablement les plus intelligents de notre planète pendant plus de 100 millions d'années ont complètement disparu. De nombreux autres êtres vivants se sont éteints également, y compris la moitié des plantes et un grand nombre de créatures vivant à la surface de la mer. Mais certains survécurent et la disparition des dinosaures leur donna la possibilité de dominer la terre. Les créatures qui saisirent cette chance furent les mammifères.

Les mammifères existaient déjà pendant et avant l'âge des dinosaures. Mais c'étaient pour la plupart de petits animaux nocturnes qui passaient leur temps à courir dans les broussailles ou à grimper aux arbres pour se cacher des dinosaures. Les mammifères ne semblaient avoir aucune possibilité de concurrencer les dinosaures dans la course à la suprématie. Mais lorsque les dinosaures ont disparu, ils saisirent leur chance. Les mammifères occupèrent rapidement la terre et devinrent les animaux dominants.

LA DISPARITION DES DINOSAURES

Qu'est-ce qui a bien pu arriver il y a 65 millions d'années pour justifier la mort des dinosaures? On a émis plusieurs suggestions mais certaines d'entre elles sont peu crédibles. D'après une théorie, les dinosaures auraient été trop stupides pour survivre mais nous disposons maintenant de preuves montrant qu'ils étaient les animaux les plus développés de leur époque. Certains possédaient une grande cervelle et étaient probablement assez intelligents. Une autre explication prétend qu'une maladie les aurait anéantis — mais il est difficile d'imaginer qu'une maladie pourrait affecter en même temps autant d'animaux différents.

Un des grands problèmes est que la théorie doit expliquer la mort des dinosaures mais aussi la disparition de beaucoup d'autres espèces d'animaux et de plantes. Lorsque les dinosaures moururent, la plupart des grands reptiles non-dinosaures vivant sur terre disparurent aussi. Ce fut également le cas des ptérodactyles, celui de différentes sortes de plantes et de créatures aquatiques.

L'explication la plus vraisemblable est qu'il y a eu de grands changements dans les conditions climati-

De l'iridium dans la boue
Sur la photo du haut vous pouvez voir une couche de boue contenant de l'iridium (marqué par une pièce de monnaie) formé pendant le Crétacé et découvert il y a quelques années.

MORT A CAUSE D'UNE METEORITE

On a découvert en différents endroits de le terre une couche d'argile contenant une grande quantité d'iridium qui est un métal rare. Cela a amené les savants à penser qu'une météorite énorme – d'un diamètre de 10 kilomètres – a pu tomber sur notre planète. En effet, l'iridium est rare mais on le rencontre souvent dans les météorites. La poussière et les roches soulevées dans l'air au moment de la chute peuvent avoir arrêté la chaleur et la lumière provenant du soleil, ce qui a pu entrainer la mort des dinosaures.

L'Amérique du Nord à la fin de l'âge des dinosaures

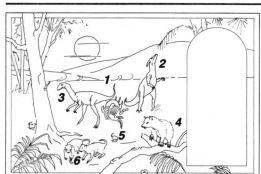

1 Le triceratops était un dinosaure mangeur de plantes qui broutait en troupeaux.
2 Le thescelosaurus était un autre dinosaure mangeur de plantes – une espèce nouvelle qui apparut à la fin de l'âge des dinosaures.
3 Le stenonychosaurus était un dinosaure mangeur de viande de la taille d'un homme. Il aurait chassé de petits mammifères durant la nuit.

4 Le didelphodon était un marsupial comparable aux opposums actuels.
5 Les mammifères mangeurs d'insectes, ressemblant aux musaraignes actuelles, vécurent pendant des millions d'années en même temps que les dinosaures.
6 De nombreux mammifères mangeurs de plantes appartenaient au groupe appelé multituberculés, mais ils disparurent lorsque des mammifères plus modernes apparurent.

ques. Il est possible qu'une grosse météorite soit tombée sur la terre, entraînant d'immenses nuages de poussière qui auraient caché le soleil. Une autre théorie prétend que les dinosaures sont morts au cours d'une période beaucoup plus longue, suite aux changements normaux du climat. Certains savants ont même suggéré que le soleil avait un frère jumeau qui sortirait de temps en temps pour surchauffer le terre.

Vous avez sans doute deviné maintenant que la vérité est que nous ne savons pas ce qui a causé la mort des dinosaures, des autres animaux et des plantes!

TROP FROID!

Les fossiles trouvés à Montana, aux U.S.A., vieux de 65 millions d'années, prouvent que le climat de la Terre a changé énormément sur une période de 500.000 ans. Les fossiles indiquent que les forêts chaudes subtropicales (comme celles représentées ci-dessous) où habitaient de nombreux dinosaures furent remplacées par des forêts froides de pins et une variété d'animaux tout à fait différente. La raison en serait le changement de climat causé par la dérive des continents et le changement du niveau de la mer.

Prononcez...

Triceratops
Tri-ké-ra-tops

Thescelosaurus
Tè-ské-lo-so-rus

Didelphodon
Di-dèl-fo-don

TROP CHAUD!

On a trouvé des œufs de dinosaures fossilisés provenant de la fin de l'âge des dinosaures et qui avaient de très minces coquilles.

Actuellement les oiseaux pondent des œufs à coquille mince s'ils sont malades, empoisonnés ou si le climat qui les entoure est trop chaud. Est-ce que ce fut le cas pour les dinosaures? Peut-être la terre devint-elle très chaude — suite à l'apparition d'un autre soleil ou parce que notre soleil devint plus actif. Si ce fut le cas, l'augmentation de la température aurait tué les dinosaures, car ils n'étaient pas capables de se rafraîchir, ce qui aurait également affecté les créatures vivant dans la mer.

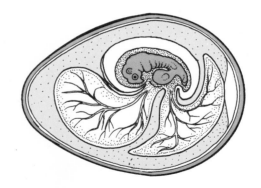

Sont-ils tous morts?
Si le froid tua les dinosaures, peut-être en resta-t-il quelques-uns là où le climat était chaud — dans certaines régions d'Afrique tropicale par exemple. De nombreux savants ne pensent pas qu'il existe encore des dinosaures vivants sur Terre, bien que l'on raconte des histoires d'animaux inconnus vivant dans des marécages reculés. Se pourrait-il qu'il y ait des survivants de l'âge des dinosaures?

LES PREMIERS MAMMIFÈRES

Il est possible que nous ne sachions pas pourquoi les dinosaures ont disparu. Mais savons-nous pourquoi les mammifères les ont remplacés? Avant de pouvoir répondre à cette question, nous devons définir ce qu'est un mammifère. Les caractéristiques principales qu'il faut rechercher sont indiquées sur la page de droite. Le fait le plus important est que les mammifères sont des animaux à sang chaud. Ils maintiennent leur corps à une température constante et ils sont toujours prêts à l'action, par tous les temps. Les reptiles (y compris les dinosaures) étaient à sang froid et devaient absorber l'éner-

gie de la chaleur provenant du soleil avant de pouvoir se mettre en route. Beaucoup d'entre eux étaient très grands et ils absorbaient lentement la chaleur, mais lorsqu'ils avaient trop chaud, ils ne disposaient d'aucun moyen pour se refroidir. C'est peut-être la raison pour laquelle les mammifères ont survécu il y a 65 millions d'années alors que les dinosaures ont disparu.

Dans le tableau ci-dessous, vous pouvez découvrir que les savants ont trouvé toute une série d'animaux fossilisés qui, de reptiles, sont devenus des mammifères. La plupart des experts en fossiles considèrent que si l'on trouve un animal qui a un seul os comme mâchoire inférieure et trois petits os dans chaque oreille, il faut le considérer comme un mammifère.

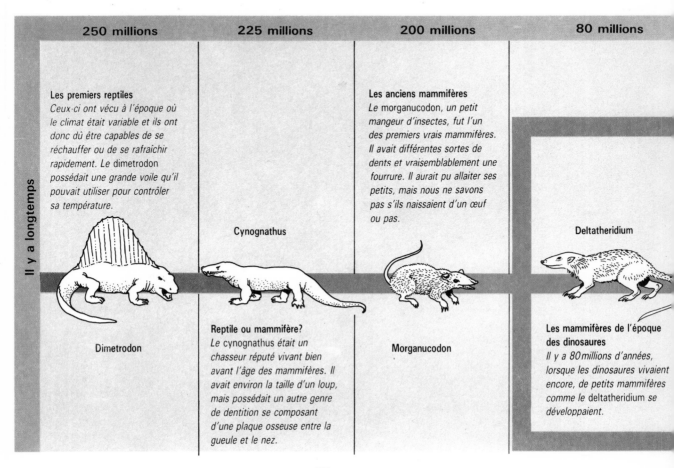

250 millions   **225 millions**   **200 millions**   **80 millions**

Il y a longtemps

Les premiers reptiles
Ceux-ci ont vécu à l'époque où le climat était variable et ils ont donc dû être capables de se réchauffer ou de se rafraîchir rapidement. Le dimetrodon possédait une grande voile qu'il pouvait utiliser pour contrôler sa température.

Dimetrodon

Cynognathus

Reptile ou mammifère?
Le cynognathus était un chasseur réputé vivant bien avant l'âge des mammifères. Il avait environ la taille d'un loup, mais possédait un autre genre de dentition se composant d'une plaque osseuse entre la gueule et le nez.

Les anciens mammifères
Le morganucodon, un petit mangeur d'insectes, fut l'un des premiers vrais mammifères. Il avait différentes sortes de dents et vraisemblablement une fourrure. Il aurait pu allaiter ses petits, mais nous ne savons pas s'ils naissaient d'un œuf ou pas.

Morganucodon

Deltatheridium

Les mammifères de l'époque des dinosaures
Il y a 80 millions d'années, lorsque les dinosaures vivaient encore, de petits mammifères comme le deltatheridium se développaient.

QU'EST-CE QU'UN MAMMIFERE

Voici un mammifère typique. Il possède une fourrure, garde sa chaleur et est actif, mais pour y arriver il a besoin de beaucoup de combustible (nourriture) et d'un apport continuel d'oxygène (dans l'air). La plaque osseuse qui sépare le nez de la bouche indique qu'il peut respirer et mâcher en même temps, pour avoir de l'oxygène et de la nourriture. Il met ses petits au monde au lieu de pondre des œufs comme un reptile. La mère s'occupe de ses petits et les allaite.

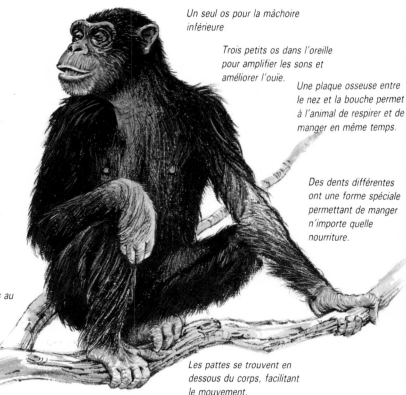

Un seul os pour la mâchoire inférieure

Trois petits os dans l'oreille pour amplifier les sons et améliorer l'ouïe.

Une plaque osseuse entre le nez et la bouche permet à l'animal de respirer et de manger en même temps.

Des dents différentes ont une forme spéciale permettant de manger n'importe quelle nourriture.

Grande cervelle et conduite intelligente.

La fourrure maintient le corps au chaud.

Chez un mammifère placentaire, les petits naissent bien formés et sont nourris au lait de leur mère par les mammelles.

Les pattes se trouvent en dessous du corps, facilitant le mouvement.

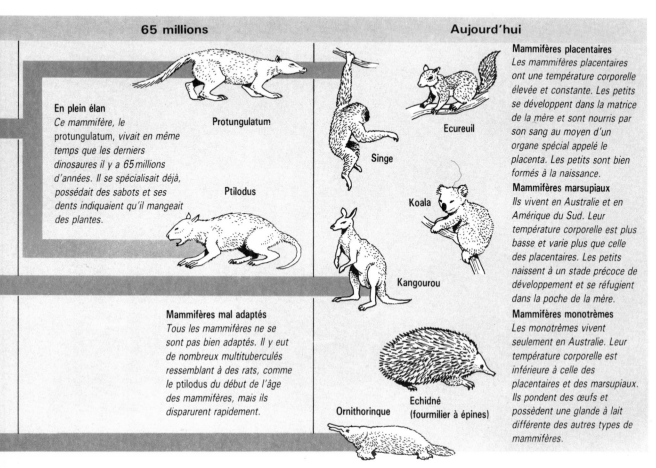

65 millions — Aujourd'hui

En plein élan
Ce mammifère, le *protungulatum, vivait en même temps que les derniers dinosaures il y a 65 millions d'années. Il se spécialisait déjà, possédait des sabots et ses dents indiquaient qu'il mangeait des plantes.*

Protungulatum

Ptilodus

Mammifères mal adaptés
Tous les mammifères ne se sont pas bien adaptés. Il y eut de nombreux multituberculés ressemblant à des rats, comme le ptilodus du début de l'âge des mammifères, mais ils disparurent rapidement.

Singe

Ecureuil

Koala

Kangourou

Ornithorinque

Echidné
(fourmilier à épines)

Mammifères placentaires
Les mammifères placentaires ont une température corporelle élevée et constante. Les petits se développent dans la matrice de la mère et sont nourris par son sang au moyen d'un organe spécial appelé le placenta. Les petits sont bien formés à la naissance.

Mammifères marsupiaux
Ils vivent en Australie et en Amérique du Sud. Leur température corporelle est plus basse et varie plus que celle des placentaires. Les petits naissent à un stade précoce de développement et se réfugient dans la poche de la mère.

Mammifères monotrèmes
Les monotrèmes vivent seulement en Australie. Leur température corporelle est inférieure à celle des placentaires et des marsupiaux. Ils pondent des œufs et possèdent une glande à lait différente des autres types de mammifères.

Qui est Cuvier?
Le Français Georges Cuvier (1769-1832) fut le premier vrai paléontologue (expert en fossiles). Il avait des créatures vivantes une extraordinaire connaissance sur laquelle il basait son travail. Il lui était possible de dire quel mammifère fossilisé avait un rapport avec les mammifères vivants.

LA FORMATION DES FOSSILES

La plupart des animaux morts et des plantes sont mangés ou pourrissent sans laisser de traces. Pourtant, de temps en temps, un animal meurt et son corps arrive d'une façon ou d'une autre dans une rivière ou un marais où il est rapidement recouvert de boue et enterré. Malgré tout, le corps peut pourrir. Mais si les conditions sont favorables, les parties dures telles que les os et les dents vont être conservées. Elles vont rester là pendant des milliers ou des millions d'années, jusqu'au moment où elles seront découvertes par un chasseur de fossiles. Les fossiles sont donc les vestiges des animaux et des plantes morts depuis bien longtemps.

Les parties dures telles que les os et les dents peuvent être inaltérées lorsqu'on les déterre, des milliers d'années après la mort de l'animal. Mais d'habitude, des changements chimiques sont intervenus même si la taille et la forme de l'original ont été conservées. Des minéraux pénètrent et durcissent les tissus osseux ou bien l'eau dissout le matériau original et le remplace par de nouveaux minéraux. Quelquefois l'os est complètement dissous et ne laisse qu'un creux dans la roche. Par la suite, ce creux peut se remplir de différents matériaux qui vont prendre la place des vestiges originaux. Rarement, un animal complet est conservé, saisi dans l'ambre ou conservé dans du goudron naturel.

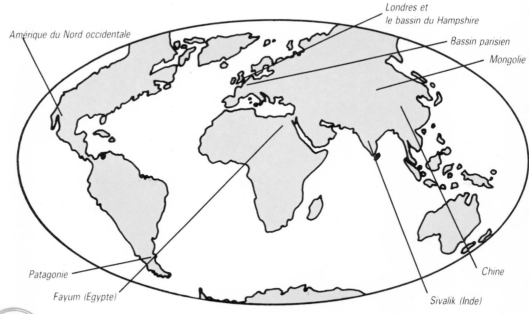

OÙ TROUVE-T-ON DES FOSSILES?

On trouve d'habitude des fossiles dans les roches sédimentaires formées à partir de la boue des lacs, des rivières et des mers. Recherchez les roches contenant des fossiles dans les falaises ou les berges des rivières; mais soyez prudents, car ces endroits peuvent être dangereux.

Souvenez-vous également qu'il vous faut éventuellement la permission de visiter les carrières et les tranchées. Presque tous les fossiles décrits dans cet ouvrage proviennent de roches assez 'nouvelles' — formées au cours des 60 derniers millions d'années. Si vous recherchez des fossiles, vous aurez plus de chance de trouver ceux des créatures de la mer tels que les crustacés, car les vestiges de mammifères sont rares.

Comment se forment les fossiles?

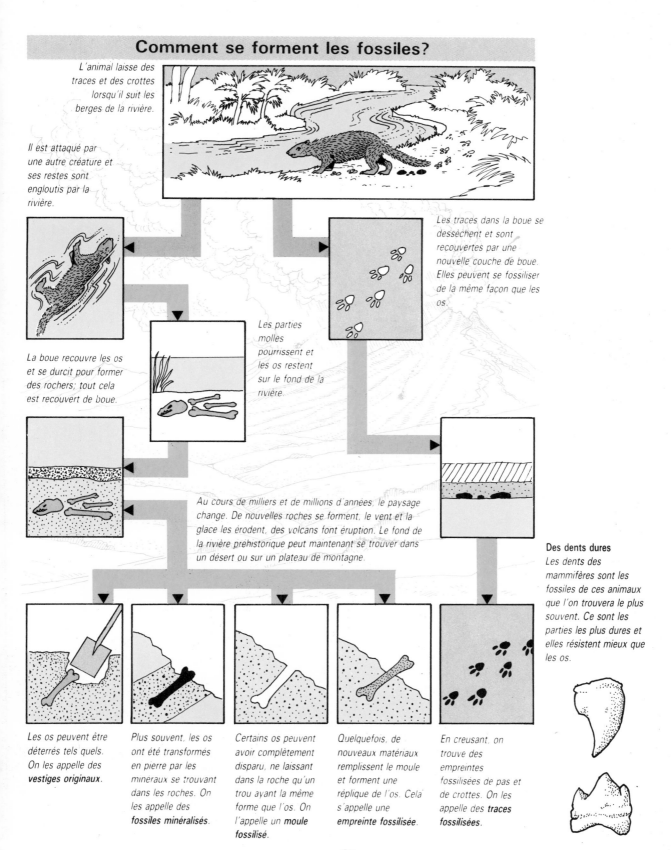

L'animal laisse des traces et des crottes lorsqu'il suit les berges de la rivière.

Il est attaqué par une autre créature et ses restes sont engloutis par la rivière.

Les traces dans la boue se dessèchent et sont recouvertes par une nouvelle couche de boue. Elles peuvent se fossiliser de la même façon que les os.

La boue recouvre les os et se durcit pour former des rochers; tout cela est recouvert de boue.

Les parties molles pourrissent et les os restent sur le fond de la rivière.

Au cours de milliers et de millions d'années, le paysage change. De nouvelles roches se forment, le vent et la glace les érodent, des volcans font éruption. Le fond de la rivière préhistorique peut maintenant se trouver dans un désert ou sur un plateau de montagne.

Les os peuvent être déterrés tels quels. On les appelle des **vestiges originaux**.

Plus souvent, les os ont été transformés en pierre par les minéraux se trouvant dans les roches. On les appelle des **fossiles minéralisés**.

Certains os peuvent avoir complètement disparu, ne laissant dans la roche qu'un trou ayant la même forme que l'os. On l'appelle un **moule fossilisé**.

Quelquefois, de nouveaux matériaux remplissent le moule et forment une réplique de l'os. Cela s'appelle une **empreinte fossilisée**.

En creusant, on trouve des empreintes fossilisées de pas et de crottes. On les appelle des **traces fossilisées**.

Des dents dures
Les dents des mammifères sont les fossiles de ces animaux que l'on trouvera le plus souvent. Ce sont les parties les plus dures et elles résistent mieux que les os.

81

DIFFERENTS MAMMIFERES

Il y a 50 millions d'années, pendant le début de la période éocène, les dinosaures disparurent complètement. Mais leur place fut rapidement prise par des mammifères de toutes formes et de toutes tailles. Les oiseaux également se développèrent rapidement. De grands oiseaux ne volant pas, tels que le *diatryma*, parcoururent la terre en attaquant et en se nourrissant de petits mammifères. Mais les oiseaux perdirent rapidement la bataille pour la suprématie du sol et les mammifères devinrent les principaux animaux terrestres.

Malgré le fait que de nombreux mammifères il y a 50 millions d'années aient été très différents de ceux qui existent maintenant, leur environnement ressemblait de plus en plus au nôtre. Les fleurs et les arbres étaient identiques aux variétés actuelles et la plus grande partie de la terre se composait de forêts. Il n'y avait pas de larges plaines herbeuses parce que l'herbe n'était pas encore apparue.

Les fossiles éocènes nous indiquent que de nombreux endroits du monde étaient beaucoup plus chauds qu'ils ne le sont aujourd'hui.

Comparés, aux mammifères actuels, de nombreux mammifères de la période éocène avaient l'air bizarre et maladroit. Mais il faut se souvenir que l'évolution se fait lentement et que ces animaux étaient nouveaux pour ce genre de vie. Nous pouvons les considérer comme des mammifères dits expérimentaux.

Protungulatum

Ectoconus

Durant la période allant de 54 à 38 millions d'années, c'est-à-dire durant la période éocène, les mammifères se développèrent rapidement. Ceux qui avaient vécu en même temps que les dinosaures continuèrent à survivre et furent rejoints par de nombreuses espèces nouvelles.

Nous avons appris tout ceci par les fossiles. La plupart des beaux fossiles de l'Eocène proviennent de l'Amérique du Nord. On en a découvert quelques autres en Amérique du Sud et en Afrique. Les fossiles nous indiquent que certaines des nouvelles formes de mammifères furent une réussite et existèrent pendant plusieurs millions d'années. Mais d'autres créatures évoluèrent et disparurent pendant une période beaucoup plus courte.

Très tôt durant l'âge des mammifères, tous les groupes principaux de mammifères étaient apparus. Ces groupes sont appelés ordres. Durant l'Eocène, il y avait 25 ordres, peut-être plus. A l'heure actuelle, il existe 17 ordres. Vous voyez donc que certaines des formes primitives de mammifères n'ont pas survécu alors que d'autres se sont développées peu à peu pour devenir les mammifères qui vivent dans le monde actuel.

LES PREMIERS MAMMIFERES

Certains groupes de mammifères de l'époque éocène présentaient un développement tellement primitif que les paléontologues ont eu des difficultés à les classifier. De nombreux groupes se sont développés au départ d'ancêtres identiques et se ressemblent très fort, même si leurs descendants modernes sont différents. Un mammifère ongulé primitif comme le *protungulatum* (au-dessus) qui mangeait des plantes ressemble fortement à son cousin mangeur de viande et chasseur, l'*ectoconus* (ci-dessus). Au cours des millions d'années qui ont suivi, ces deux groupes sont devenus de plus en plus différents, de sorte qu'ils sont représentés aujourd'hui par les cerfs et les tigres — que l'on différencie plus facilement!

L'Amérique du Nord au début de l'Eocène

1 Le phenacodus avait de petits ongles sur les orteils. Ses petites pattes et ses faibles dents indiquent qu'il mangeait vraisemblablement seulement les feuilles molles et les germes.

2 L'oxyaena était un mangeur de viande primitif appelé créodonte. Il avait des dents tranchantes, des pieds plats et une petite cervelle.

3 L'uintatherium était le plus grand mammifère de son temps, mais il n'a plus de cousins actuels.

4 Le notharctus était une sorte de maki primitif et il peut être l'ancêtre des makis modernes.

5 Le diatryma était un très grand oiseau qui ne volait pas. Il aurait pu utiliser son bec coupant et fort pour dépecer d'autres créatures, mais certains experts pensent qu'il était végétarien.

DES NAGEOIRES ET DES AILES

Pendant l'Eocène, les mammifères devinrent très spécialisés; certains choisirent l'eau, d'autres les airs. La baleine primitive *basilosaurus* nageait dans les océans, après que ses pattes soient devenues des nageoires. Les premières chauves-souris choisirent les airs après avoir développé des ailes de peau soutenues par les os de leurs pattes. Tout comme les chauves-souris actuelles, elles s'étaient adaptées pour se reposer la tête en bas. En réalité, les chauves-souris ont changé très peu au cours des millions d'années depuis leur première apparition.

Première chauve-souris

Basilosaurus

Prononcez...

Phenacodus
Fé-na-ko-dus

Oxyaena
O-xi-é-na

Uintatherium
Win-ta-té-ri-om

Notharctus
No-tark-tus

Diatryma
Di-a-tri-ma

Andrewsarchus
An-drou-sar-kus

LES GEANTS DE L'EOCENE

Certains mammifères de l'Eocène ont remplacé les dinosaures comme géants du monde animal. L'*uintatherium*, ressemblant à un rhinocéros, que l'on voit à la page 82, avait deux mètres de haut et près de quatre mètres de long. L'*andrewsarchus* n'a pas de cousin en vie; les seuls renseignements dont nous disposons concernant sa façon de vivre nous viennent des fossiles. Nous pouvons dire qu'il avait des dents arrondies et un corps lourd — comme un ours moderne. Certains experts pensent qu'il mangeait le même genre de nourriture — c'est-à-dire pratiquement tout! D'autres disent qu'il mangeait des animaux morts et qu'il ressemblait à une hyène. Le *coryphodon* était l'un des herbivores les plus grands.

Le coryphodon que l'on trouve en Europe et en Amérique du Nord était un mangeur de plantes de 2,5 mètres de long.

Cet animal s'appelle andrewsarchus et il vivait dans la Mongolie actuelle. Son crâne mesurait à lui seul un mètre de long.

MAMMIFÈRES CARNIVORES

Lorsque les mammifères devinrent de plus en plus nombreux, ils s'adaptèrent à de nouveaux genres de vie. Certains groupes devinrent des mangeurs de plantes ou *herbivores*, broutant l'herbe en troupeaux ou mangeant les feuilles des arbres. Il ne fallut pas longtemps à d'autres mammifères pour découvrir que les herbivores représentaient une nouvelle source de nourriture. C'est ainsi que les *carnivores* se développèrent.

Au cours de millions d'années, les carnivores devinrent en général plus grands, ce qui leur permit d'attaquer de plus grosses proies. Leurs dents devinrent aussi grandes et pointues pour leur permettre d'attraper et de déchirer leurs victimes. De nombreux carnivores qui furent une réussite pendant la plus grande partie de l'Eocène appartenaient à un groupe parti-culier — les *créodontes*. Le mot créodonte signifie dent charnue. Les créodontes se développèrent à partir de petits mammifères mangeurs d'insectes comme le *deltatheridium*. La plupart des créodontes sont pourvus d'une longue tête basse dans laquelle il n'y a de la place que pour une petite cervelle primitive. Ils n'étaient vraisemblablement pas très intelligents. Beaucoup ne possédaient qu'un type de pattes ancien pour des mammifères: la plante du pied et cinq orteils sont à plat sur le sol.

Au cours de l'évolution, les anciens herbivores lents et maladroits finirent par disparaître ou par se transformer pour devenir des animaux plus rapides et plus intelligents. On considère que les créodontes qui avaient une allure assez primitive et une petite cervelle n'ont pas pu s'adapter aux changements. Les mangeurs de viande modernes proviennent d'un groupe différent de mammifères appelé les *fissipèdes*.

Se battre pour manger
Ici un créodonte *fait honneur à son nom qui signifie dent de viande. Un* tritemnodon *s'apprête à dévorer un* notharctus.

Patriofelis

OXYAENIDES

Les oxyaenidés formaient l'un des deux groupes principaux de créodontes. Ils avaient des crânes courts et trapus, des pattes courtes et des pieds plats qui se terminaient probablement par des griffes arrondies. L'*oxyaena* qui donna son nom au groupe avait environ la taille d'un blaireau mais était plus malin (voir page 82). Il pouvait tuer des animaux de la taille d'un lièvre mais aussi attraper de plus grandes proies. Le *patriofelis* que l'on voit ici était un créodonte ressemblant à un chat de taille moyenne. Le *megistotherium* était un créodonte géant aussi grand qu'un rhinocéros. Ce fut l'un des rares membres du groupe créodonte à survivre jusqu'au Miocène, il y a 20 millions d'années (on peut le voir à la page 97).

HYAENODONTIDES

Ce groupe de créodontes avait de longs crânes et des mâchoires. Ils cherchaient à se tenir sur leurs orteils et étaient en général assez petits. L'*hyaenodon* était un membre de ce groupe (on peut le voir à la page 88). Le *tritemnodon* (à droite) en était un autre — un animal musclé très malin qui pouvait dépasser tous les autres animaux de son époque.

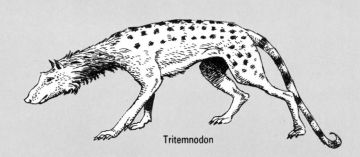

Tritemnodon

QU'EST-CE QUE C'EST?

Le *mesonyx* est un autre mangeur de viande primitif. A un certain moment, on a cru que c'était l'ancêtre des mammifères carnivores modernes que l'on retrouve dans le groupe appelé *carnivora*. Ensuite, les savants changèrent d'opinion et placèrent cet animal dans le groupe créodonte. Plus récemment, les opinions ont à nouveau changé. Les savants pensent maintenant que le *mesonyx* était en fait un membre des condylarthres, comme l'*andrewsarchus* de la page 85. Dans vingt ans, les choses auront peut-être changé.

Mesonyx

VRAIS CARNIVORES

Le *pseudocynodictis* était parmi les premiers fissipèdes — les vrais carnivores qui sont les ancêtres des chats, chiens, loutres, belettes et nombreux autres mangeurs de viande actuels. Cet animal rapide et intelligent vivait il y a environ 35 millions d'années. Il avait la taille d'un grand renard et vivait probablement comme un renard, chassant les lapins, les rats, les souris et d'autres petits animaux.

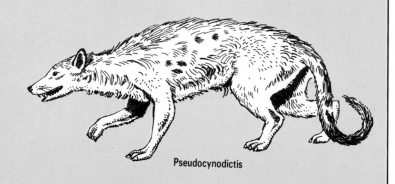

Pseudocynodictis

DES CHANGEMENTS

La période oligocène, allant de 38 à 26 millions d'années, fut une époque où il y avait de nombreux changements. Après l'explosion initiale de l'évolution au début de l'âge des mammifères, les groupes commencèrent à s'ordonner. Parmi les animaux, quelques-uns ressemblaient étonnamment à ce que l'on trouve actuellement. Les chats par exemple — des mangeurs de viande spécialisés — se développèrent rapidement et ressemblaient déjà très fort aux chats actuels. Avec d'autres groupes évolués, ils remplacèrent les mammifères 'anciens' tels que les créodontes. Certains mammifères ressemblaient aux animaux actuels mais n'appartenaient pas à la même famille. L'*archaeotherium* ressemblait à un grand porc mais il appartenait aux entelodons, un groupe différent de celui qui donna naissance aux porcs, girafes, antilopes et autres mammifères actuels possédant un nombre pair d'orteils à chaque pied.

D'autres animaux de l'oligocène furent les ancêtres d'espèces existantes mais ils ne s'étaient pas encore développés pour atteindre les formes typiques que nous connaissons. Le *poebrotherium* qui n'était pas plus grand qu'un mouton, était un genre de petit chameau primitif qui avait déjà deux orteils à chaque pied, comme les chameaux actuels. Certaines créatures de l'Oligocène, comme le *merycoidodon,* qui ressemblait à un croisement entre un porc et un mouton, connut une belle réussite à l'époque, mais disparut par la suite.

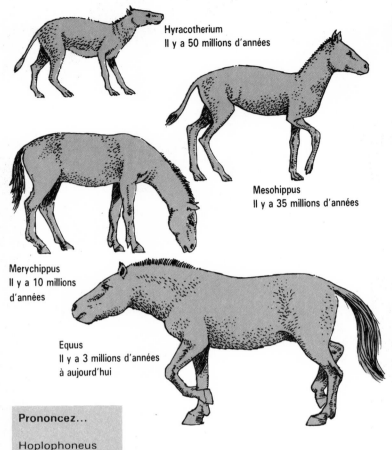

Hyracotherium
Il y a 50 millions d'années

Mesohippus
Il y a 35 millions d'années

Merychippus
Il y a 10 millions
d'années

Equus
Il y a 3 millions d'années
à aujourd'hui

Prononcez...

Hoplophoneus
O-plo-fo-né-us

Archaeotherium
Ar-ké-o-té-ri-om

Poebrotherium
Pé-bro-té-ri-om

Merycoidodon
Mé-ri-kwa-do-don

Hyaenodon
I-é-no-don

L'EVOLUTION DU CHEVAL

Il y a 50 millions d'années, le premier animal ressemblant à un cheval vivait dans les forêts de l'Eocène. Il était à peine plus grand qu'un chat domestique et possédait cinq ongles à chaque pied. Les fossiles au cours des âges indiquent que les membres du groupe des chevaux sont devenus progressivement plus grands, avec des jambes plus longues et plus fines. Le nombre d'orteils à chaque pied était d'abord de cinq, ensuite trois, et aujourd'hui un — le sabot du cheval.

CHEVAUX, RHINOS ET TAPIRS

La grande réussite de l'Oligocène concerne le groupe de mammifères que l'on appelle ongulés périssodactyles — qui sont des mammifères ongulés possédant un nombre impair d'orteils à chaque patte. Ce sont les chevaux, les rhinocéros et les tapirs.

Si l'on rassemble tous les fossiles d'un certain groupe, comme les chevaux ou les rhinocéros, on est tenté de les modeler pour obtenir un 'arbre généalogique'. On espère que l'arbre soit clair et net avec quelques branches bien ordonnées. Nous imaginons une espèce qui évolue pour en devenir une autre qui est alors l'ancêtre des suivantes, etc., suivant une ligne qui se poursuit jusqu'à l'époque actuelle.

Malheureusement, la nature agit rarement sans détours. 'L'arbre' simple est en réalité un buisson compliqué ayant de nombreuses branches. Les fossiles que nous trouvons ne sont que les extrémités de quelques branches; il faut deviner la suite en se basant sur les faits découverts. Et même s'il est possible de placer les animaux suivant une 'ligne évolutive', comme on le voit pour le rhinocéros à la page suivante, cela ne signifie pas que chaque animal soit l'ancêtre de celui qui le suit. Quelquefois c'est possible; dans d'autres cas pas. Nous ne pouvons jamais être sûrs.

Tombée de la nuit en Amérique pendant l'Oligocène

1 L'hoplophoneus *était un chat primitif machérode. Il utilisait ses longues canines pour attraper et tuer ses proies.*
2 L'archaeotherium *possédait des canines ressemblant à des défenses. Des exemples fossilisés indiquent qu'il aurait pu les utiliser pour chercher et déterrer des racines.*
3 Le proebrotherium *était une sorte de chameau très primitif. Il ne mesurait que 50 cm à l'épaule.*

4 Le merycoidodon *n'a pas de descendant à l'heure actuelle. Ses dents indiquent qu'il appartenait au même groupe que les ruminants comme la vache.*
5 L'hyaenodon *était un créodonte mangeur de viande. Il était solidement bâti comme les loups actuels.*
6 Les chauves-souris préhistoriques *volaient au-dessus des rivières sombres à la recherche de mouches et d'insectes.*

LES RHINOCEROS AU FIL DES AGES

Les rhinocéros se sont développés à partir d'un animal primitif ressemblant à un tapir. Ces animaux préhistoriques avaient toutes sortes de formes et de tailles. Certains n'avaient pas de corne d'autres en avaient une ou plusieurs. De la douzaine d'espèces qui a vécu dans le passé, il n'en reste plus que cinq aujourd'hui. Elles sont toutes rares, en partie parce qu'elles ont été chassées par les humains.

blanc d'Afrique

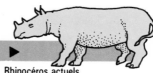
Diceratherium

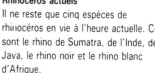

Rhinocéros actuels
Il ne reste que cinq espèces de rhinocéros en vie à l'heure actuelle. Ce sont le rhino de Sumatra, de l'Inde, de Java, le rhino noir et le rhino blanc d'Afrique.

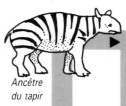
Ancêtre du tapir

Caenopus

noir d'Afrique

Branche principale des rhinocéros
La branche principale de l'évolution des rhinocéros a commencé avec des animaux comme le *caenopus*, qui mesurait 2,4 mètres de long. Il possédait trois orteils à chaque pied, de grandes dents de devant, mais pas de corne. Le *diceratherium* avait deux cornes.

d'Inde

Tapir

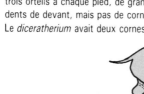

de Java

Rhinocéros géant sans corne
Une branche annexe de la branche principale dans l'évolution du rhinocéros fut le rhinocéros géant sans corne — comme le *paraceratherium*.

de Sumatra

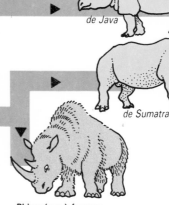

Rhinocéros galopeur
L'un des groupes de rhinocéros était capable de courir. Le rhinocéros galopeur *hyracodon* mesurait 50 cm de hauteur et avait un corps léger avec de longues pattes et trois orteils ongulés à chaque pied.

Rhinocéros à fourrure
Durant la période glacière, certains rhinocéros développèrent une longue fourrure épaisse pour se préserver du froid.

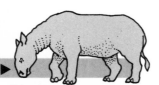

Rhinocéros se vautrant
Les rhinocéros se vautrant dans la boue étaient une ramification des rhinocéros galopeurs. Le *metamynodon* était assez typique de ce groupe — plutôt pansu et court sur pattes. Nous pensons qu'il nageait et qu'il se vautrait dans l'eau.

Rhinocéros brouteur
Certains des derniers rhinocéros se mirent à brouter. Parmi eux, on trouve l'*elasmotherium* qui était pourvu de solides molaires. C'était le plus grand rhinocéros à corne. Fixée sur un crâne puissant d'un mètre, elle mesurait 2 m.

UN GÉANT PARMI LES GÉANTS

Des géants agiles
Bien qu'il fût grand, le paraceratherium était certainement très agile. Voici un troupeau de ces animaux en train de brouter des buissons et des arbres, saisissant les feuilles de leurs lèvres en pointe.

Le plus grand mammifère qui ait jamais vécu sur terre fut un rhinocéros géant sans corne, il y a 30 millions d'années. Son nom était *paraceratherium*. Vous en voyez une image ci-dessous. Ces géants vivaient en Asie pendant l'Oligocène et survécurent pendant des millions d'années. A la page suivante, vous pouvez voir deux autres géants de la même époque.

Le *paraceratherium* fut un grand animal, deux fois plus grand que nos éléphants actuels. Il mesurait 5,5 mètres de hauteur à l'épaule, avait plus de 8 mètres de long et devait peser environ 17 tonnes. Il possédait un long cou surmonté d'une petite tête pour sa taille. Lorsqu'il s'étendait, le bout de son museau pouvait se trouver à 7 mètres ou plus du sol — suffisamment haut pour atteindre le toit d'une maison ordinaire. Le crâne de ce géant mesurait 1,3 mètres de long. Assez bas, il était surmonté en son centre d'une curieuse calotte. Les dents de devant étaient de petits cônes ressemblant à des défenses. A l'arrière de la mâchoire, il y avait un espace, ensuite venaient les molaires (prémolaires et molaires) qui étaient plates et faites pour mâcher des feuilles. Le manque d'os à l'avant du crâne suggère que la lèvre supérieure était longue et préhensile comme chez le rhinocéros noir d'Afrique actuel.

DES GEANTS A DOUBLE CORNE

A droite, vous pouvez voir deux autres géants de l'Oligocène. L'*arsinoitherium* a vécu en Afrique. C'était un mangeur de plantes maladroit de 3,4 mètres de long et qui possédait une énorme double corne sur la tête. Il est probable qu'il utilisait ses cornes pour se défendre dans les combats contre d'autres mâles et pour son territoire.

Le *brontotherium* était l'un des plus grands titanothériums, mesurant plus de 2,5 mètres à l'épaule. Ces animaux provenaient du même groupe que les chevaux. Comme l'indique le mot 'titan' dans leur nom, beaucoup étaient très grands et on les rencontrait en de nombreux endroits de la terre il y a 35 millions d'années. Personne n'a pu dire pourquoi le *brontotherium* possédait une grande double corne osseuse, mais une théorie dit que c'est le résultat de l'*allométrie*. Cela signifie qu'une partie du corps d'un animal se développe à une vitesse différente du reste. Par exemple, au cours de plusieurs millions d'années, le corps d'un animal peut devenir deux fois plus grand que celui de ses ancêtres – mais sa corne peut grandir quatre fois plus. Ce processus d'allométrie se rencontre dans différents groupes d'animaux, mais nous ne sommes pas certains de la façon dont cela se passe. Le dessin ci-dessous indique comment nous imaginons ce qui est arrivé au *brontotherium*.

Arsinoitherium

Brontotherium

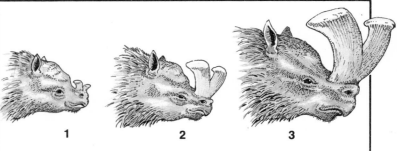

1 *Ancêtre du brontotherium, avec un corps et une corne de petite dimension.*

2 *Brontotherium avec un corps et une corne de grande dimension.*

3 *Supposons que le brontotherium ait vécu et se soit développé pendant quelques millions d'années en plus. Ses cornes auraient continué à se développer à une vitesse plus rapide que son corps... Elles seraient alors devenues gigantesques!*

LA VIE DANS LES PLAINES

Les animaux vivant dans notre monde moderne sont fortement influencés par les plantes qui poussent dans leur environnement. Ceci était également vrai durant les temps préhistoriques. Pendant la longue période appelée le Miocène, allant de 26 à 7 millions d'années, l'herbe devint une plante importante. En fait, le climat devint plus sec dans de nombreux endroits du monde, ce qui permit à l'herbe résistant à la sécheresse de s'étendre après la disparition des forêts par manque d'humidité. Le changement de plantes entraîna celui des animaux. Les clairières ombragées des forêts avec leurs feuilles succulentes, les pousses et les fruits ont été remplacés par de larges plaines d'herbe résistante. Celle-ci exigeait de solides dents; les brouteurs de feuilles furent remplacés par les brouteurs d'herbe.

Au début du Miocène, il existait encore de nombreux types de rhinocéros, mais l'autre groupe principal de mammifères ongulés avec un nombre impair d'orteils, les chevaux, s'étendit beaucoup plus vite. Les mammifères avec un nombre pair d'orteils se multiplièrent également et beaucoup d'entre eux vécurent en troupeau.

A la fin de cette période, on trouvait des herbivores habitant les plaines comme les antilopes, ainsi que les cerfs et les girafes. Une nouvelle sélection de carnivores se développa pour chasser ces nouveaux mangeurs de plantes. Le monde évoluait et les mammifères, qui s'adaptent toujours, évoluaient de même.

L'idée que certaines parties d'un être vivant se développent pour exécuter une tâche particulière est la pierre angulaire de la pensée évolutive. En d'autres mots, la fonction crée l'organe. Nous pouvons nous en rendre compte lorsque nous observons les animaux actuels et la nourriture qu'ils ingurgitent.

Ce type de raisonnement peut être utilisé pour les fossiles. Par exemple, nous pouvons deviner le genre de nourriture que mangeait un mammifère préhistorique en examinant ses dents et son crâne fossilisés. A-t-il les dents plates faites pour broyer comme un herbivore ou les dents pointues et tranchantes d'un carnivore? La taille et la forme d'un mammifère fossilisé peuvent nous en apprendre beaucoup sur son genre de vie. Par exemple, une créature massive pe-

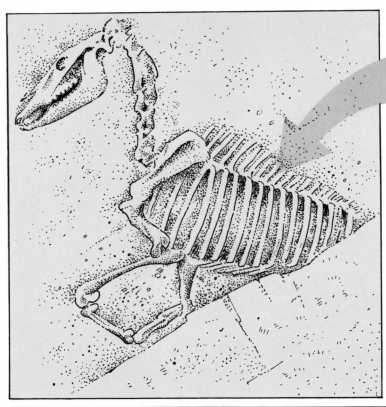

Restes de plantes

NOURRITURE

Les mammifères ongulés actuels vivent souvent en troupeaux. Lorsque l'on trouve des fossiles groupés d'anciens mammifères, on peut supposer qu'ils ont vécu aussi en troupeaux et qu'ils sont morts ensemble au cours d'une inondation ou d'un désastre similaire. Si ce sont seulement les os de quelques adultes avec des petits, le groupe représente une famille plutôt qu'un troupeau.

On peut deviner d'autres aspects du genre de vie des animaux en se basant sur les vestiges trouvés avec les fossiles ou près d'eux. On trouve quelquefois des résidus de plantes comme ceux que l'on voit ci-dessus — des feuilles, des semences, du bois ou de l'herbe. Si les fossiles d'un animal sont toujours associés aux résidus d'un certain type de plantes, nous pouvons en déduire que cet animal a probablement vécu dans ce genre d'habitat.

Prairies nord américaines pendant le Miocène

1 Le syndyoceras *était un mammifère ongulé possédant un nombre pair d'orteils. Bien qu'il ressemblât à une antilope, il appartenait à un groupe plus primitif.*

2 L'alticamelus *serait une sorte de chameau primitif — sans bosse. Il mesurait 3,5 mètres.*

3 Le diceratherium *était un rhinocéros à deux cornes, l'un des rhinocéros de la branche principale décrit à la page 91.*

4 Le daphoenodon *était un chien primitif du groupe appelé parfois chien-ours. Il mesurait 1,4 mètre de long et possédait un corps massif sur de courtes pattes. Il mangeait sans doute des plantes tout autant que de la viande.*

5 Le moropus *était un mammifère bizarre se rattachant aux chevaux et aux rhinocéros mais il avait des griffes aux pattes de devant.*

sant plusieurs tonnes comme le *dice-ratherium* à la page précédente, n'aurait jamais pu grimper aux arbres de même qu'un mammifère ayant de longues pattes fines comme le *syndyoceras.* Mais en nous basant sur le squelette du *syndyoceras,* nous pouvons déduire que c'était un coureur. On retrouve un peu partout ces 'pattes de course', que ce soit chez le dinosaure agile ou chez les chevaux actuels. Les pattes sont longues, minces et faciles à déplacer. Les puissants muscles des pattes sont concentrés dans la partie supérieure, près du corps, tandis que la partie inférieure est très légère, avec un long pied et un minimum d'orteils.

On trouve souvent les fossiles de plusieurs animaux l'un près de l'autre. Si cela se répète, il est improbable que ce soit une coïncidence. On peut alors essayer de deviner les raisons pour lesquelles les fossiles se trouvent ensemble. Par exemple, les fossiles du grand créodonte nord-africain *megistotherium* se retrouvent souvent près des os fossilisés d'éléphants préhistoriques appelés mastodontes. Nous pouvons en déduire que les mastodontes étaient une des proies favorites du grand *megistotherium.*

Tueur bien adapté
Le megistotherium *avait d'énormes canines et des muscles puissants lui permettant de fermer les mâchoires. Il pesait plus de 900 kilos, ce qui fait de lui le plus grand mammifère mangeur de viande connu. Ici, il attaque un mastodonte.*

ENIGMES DES MAMMIFÈRES

Certains mammifères du passé sont très semblables aux mammifères d'aujourd'hui. En prenant comme exemple les espèces actuelles, nous pouvons essayer de deviner quelle était la façon de vivre des mammifères préhistoriques. Mais il existe certains fossiles qui n'ont pas d'équivalent vivant. Il est très difficile de deviner comment ils pouvaient vivre et les savants en discutent beaucoup. Ils peuvent avoir des idées différentes concernant l'apparence de l'animal et son mode de vie. C'est la raison pour laquelle vous pourrez trouver différents dessins d'un même animal dans des livres différents. Le *moropus* ('pied maladroit') appartient au groupe des chalicotherium, et c'est une des plus grandes énigmes. Le *moropus* vivait pendant le Miocène et appartenait de loin à la famille des chevaux et des rhinocéros. Pourtant, il ressemble à un mammifère 'mal construit', formé de différentes parties. Il possède une tête et des dents comme un cheval; son corps est massif et lourd; ses pattes antérieures sont plus longues que ses pattes postérieures.

On a reconstitué le *moropus* de différentes façons, comme vous pouvez le voir ici et à la page 94. Certains experts pensent maintenant qu'il peut s'être traîné sur des articulations antérieures, comme un chimpanzé.

Le *macrauchenia* est un autre mammifère fossilisé qui a donné lieu à d'innombrables discussions. Il vivait en Amérique du Sud et son squelette indique qu'il possédait des narines

RECONS-TRUIRE DES MAMMIFERES

Le mammifère *moropus* a été reconstitué à partir de fossiles de différentes façons — vous pouvez le lire ci-contre. Nous voyons ici la forme que les savants considèrent comme la plus plausible.

D'ESTOC OU DE TAILLE

Les chats à défenses ont eu une histoire longue et variée, mais nous ne pouvons qu'imaginer l'emploi qu'ils faisaient de leurs longues dents recourbées. Ces armes étaient si longues qu'elles n'auraient pas pu saisir une proie comme le font nos chats. Ils les ont peut-être utilisées pour couper et tailler la nuque de leurs victimes, afin d'endommager les artères principales. Certaines personnes ont suggéré que les chats à défenses se nourrissaient seulement du sang de leurs victimes, soulignant le fait que les très petites dents plantées tout le long de la mâchoire du chat auraient été inutiles pour croquer du cartilage ou des os.

placées assez haut sur le crâne. Mais les savants ont développé trois théories différentes à ce sujet.

Certains prétendent que le *macrauchenia* vivait dans les marais et qu'il pouvait s'enfoncer dans l'eau pour s'écarter du danger en laissant seulement ses narines au-dessus de la surface de l'eau pour respirer. D'autres disent que le *macrauchenia* pouvait avoir eu une petite trompe pour prendre sa nourriture. Mais son crâne est plus net à l'endroit de ses narines que celui de la plupart des mammifères à trompe actuels comme les éléphants et les tapirs. La dernière supposition, qui est aussi la plus crédible, est qu'il pouvait refermer ses narines à l'aide d'un petit muscle pour se protéger de la poussière et du sable — comme les chameaux actuels. Si c'est vrai, cette conclusion nous amène à dire que le *macrauchenia* vivait dans les plaines de sable.

Le macrauchenia
Trois 'incarnations' du mammifère macrauchenia:
1 L'animal des marais
2 Le simili-éléphant
3 L'habitant des plaines

1

2

3

MAMMIFERES D'ANTAN

Durant la période pliocène, allant de 7 à 2 millions d'années, les mammifères du monde ressemblaient assez à ceux d'aujourd'hui. Des cerfs, des porcs, des girafes et de nombreuses espèces d'antilopes erraient en Europe, en Asie et probablement en Afrique. Ils étaient pratiquement identiques à ceux qui existent aujourd'hui. En réalité, plus de trois quarts des mammifères existant en Europe, en Asie et en Amérique du Nord appartenaient à des groupes qui vivent encore actuellement.

Pourtant, dans certaines parties du monde, comme en Amérique du Sud et en Australie, d'étranges mammifères ont survécu. Il ne faut pas en chercher la raison bien loin. Ces deux continents ont été isolés du reste du monde par l'océan pendant des millions d'années. Les mammifères s'y sont développés d'une façon isolée.

Il existait encore de nombreux mammifères primitifs et marsupiaux (munis d'une poche) sur ces deux 'îles' ou continents, même s'ils avaient déjà disparu depuis longtemps dans les autres parties du monde. Certains marsupiaux, comme le chat machérode *thylascosmilus*, ont développé des ressemblances étonnantes avec des mammifères plus avancés vivant en d'autres lieux, parce qu'ils avaient des genres de vie similaires. Aujourd'hui, il existe encore beaucoup d'espèces de marsupiaux en Australie et quelques-unes en Amérique du Sud, mais elles sont menacées par les *mammifères placentaires* plus développés.

Prononcez...

Thylacosmilus
Ti-la-ko-smi-lus

Glyptodon
Gli-pto-don

Macrauchenia
Ma-kro-ké-nia

Durant les dernières 35 millions d'années, on peut trouver des mammifères que l'on pourrait appeler des éléphants. Les différentes étapes dans l'évolution de l'éléphant sont très complexes, et il est donc difficile d'en dresser l'arbre généalogique. Pourtant, il est clair que dans le passé, il y eut énormément de variétés d'éléphants, de toutes formes et de toutes tailles. Vous pouvez en voir quelques-unes à la page suivante.

On fait quelquefois remonter l'évolution de l'éléphant à une petite créature ressemblant à un porc appelée *moeritherium* qui vivait il y a 50 millions d'années. Mais, bien que celui-ci nous montre ce qu'aurait pu être l'aspect des ancêtres des éléphants, nous ne pouvons pas être vraiment sûrs qu'ils soient de la même famille.

Le *palaeomastodon* et le *phiomia* qui vivaient il y a 35 millions d'années sont les premiers mammifères que nous pouvons inclure dans le groupe des éléphants, que l'on appelle *proboscidea*. C'étaient de grands mammifères munis d'une courte trompe et de petites défenses. Après eux, l'histoire de l'évolution des éléphants est celle d'une croissance de taille. La tête et les mâchoires changèrent également et devinrent plus courtes. Lorsque les mâchoires se raccourcirent, la lèvre supérieure et le nez s'allongèrent pour former la trompe.

Afin de nourrir leur grand corps, les éléphants ont développé de meilleures dents pour mâcher de grandes quantités de plantes et pour saisir l'herbe dure. Actuellement, les éléphants possèdent de grosses molaires couvertes d'arêtes. Et pour les aider plus encore, ils ont trois jeux de molaires qui se succèdent tout au long de la vie de l'animal. Le troisième et dernier jeu de molaires apparaît lorsque l'éléphant a environ trente ans. Lorsque ses dents sont usées, la vie de l'éléphant touche à sa fin...

Cousins éloignés?
On dit quelquefois que le moeritherium, ci-dessus, est un ancêtre des éléphants, mais nous n'en sommes pas vraiment sûrs. Le deinotheres (dont un exemple est reproduit sur la page de droite) ressemble fort à un éléphant, mais on croit qu'il s'est développé séparément.

L'Amérique du Sud pendant le Pliocène

1 Le thylascosmilus *était un dangereux marsupial mangeur de viande. Il avait de longues canines supérieures (machérode). Une enveloppe fixée à sa mâchoire inférieure les recouvrait pour les soutenir et les protéger.*
2 Le toxodon *était l'un des derniers mammifères ongulés primitifs à vivre en Amérique du Sud. Il avait la taille d'un rhinocéros et des pattes trapues.*

3 Le glyptodon *ressemblait à un tatou, mesurait 3 mètres de long et des plaques osseuses encastrées dans sa peau le protégeaient. Ses grandes molaires puissantes indiquent qu'il mangeait de l'herbe et d'autres plantes.*
4 Le macrauchenia *appartenait au groupe des mammifères ongulés appelés litopternes. Cette espèce ressemblait à un chameau.*

LES ANCETRES DE L'ELEPHANT

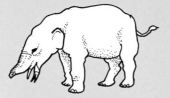

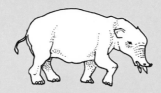

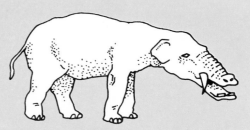

Le **palaeomastodon** vivant il y a 35 millions d'années mesurait deux mètres de long. Il portait sur les mâchoires quatre longues défenses ressemblant à des pelles. Ses dents ressemblaient à celles d'un cochon. Il mangeait de la végétation tendre.

Le **phiomia** qui vivait aussi il y a environ 35 millions d'années, mesurait 1,2 mètre de long. La forme de son crâne fossilisé à l'endroit du nez et de la mâchoire supérieure fait penser au début d'une trompe d'éléphant.

Le **platybelodon** mesurait deux mètres de haut et a vécu il y a 20 millions d'années. Il avait de petites défenses supérieures et des défenses inférieures pareilles à des lames. Ses mâchoires et sa bouche lui servaient de pelle pour dégager les plantes dans le sol.

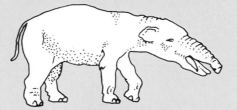

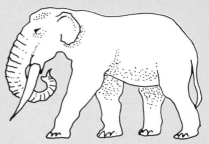

Le **gomphotherium** vivait il y a environ 15 à 20 millions d'années. Il mesurait, 1,5 mètre et possédait quatre défenses.

L'**amebelodon** vivait il y a 5 millions d'années. Il mesurait 2 mètres à l'épaule et employait ses 'lèvres' allongées pour enfourner la nourriture dans sa gueule.

Le **palaeoloxodon** était grand, même pour un éléphant, et mesurait 4,3 mètres à l'épaule. Sa hauteur totale atteignait peut-être 5 mètres. Il vivait dans la forêt et disparut seulement il y a 250.000 ans.

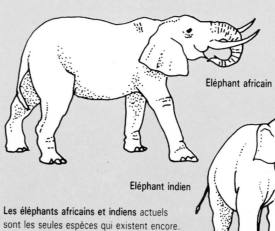

Les **éléphants nains** ont vécu sur certaines îles, spécialement en Méditerranée. Ils ressemblaient au *palaeoloxodon* mais mesuraient seulement un mètre de haut.

Eléphant africain

Les **mammouths** étaient des éléphants qui vivaient sur terre il y a 2 millions d'années. Certains ont vécu dans des climats chauds mais, lorsque la période glacière arriva, seuls les mammouths à fourrure purent survivre au froid. Ils avaient les dents les plus recourbées de tous les éléphants, vraisemblablement à cause des plantes dures et fortes qui poussaient dans un climat froid. Les mammouths à fourrure mesuraient 4,5 mètres. Nous le savons parce que les mammouths à fourrure ont été découverts gelés dans les glaces de Sibérie et conservés d'une façon parfaite.

Eléphant indien

Les **éléphants africains et indiens** actuels sont les seules espèces qui existent encore. L'éléphant africain mesure 3,5 mètres de haut à l'épaule et possède des oreilles plus grandes que son cousin indien.

LA NAISSANCE DES IDEES DE DARWIN

Le voyage de Darwin
Darwin se rendit en Amérique du Sud et dans le Pacifique sur un bateau appelé le Beagle. La carte à droite indique son itinéraire autour de l'Amérique du Sud et des îles Galapagos. Sur les plages de Patagonie, Darwin trouva de nombreux fossiles, comme vous pouvez le voir sur le dessin ci-dessous. En les étudiant, il déduisit ses théories concernant l'évolution.

A l'heure actuelle, presque tous les paléontologues acceptent l'idée générale de l'évolution. Nous considérons presque comme normal que les animaux et les plantes changent peu à peu avec le temps, lorsque les générations se succèdent. Parfois, une espèce particulière d'animaux disparaît ou change complètement pour former des espèces nouvelles et différentes.

L'une des raisons principales pour laquelle nous croyons dans l'idée de l'évolution est que nous pouvons imaginer comment cela se passe. Etant donné que le monde change lentement, certains animaux s'adaptent mieux que d'autres. Ceux-là se développent, tandis que les autres meurent. Nous appelons ceci la survie du meilleur. Nous devons cette idée au naturaliste Charles Darwin.

En 1831, Darwin voguait autour du monde sur un bateau appelé le *Beagle*. Il visita les îles Galapagos où il vit une variété d'espèces appartenant à des familles proches et il passa beaucoup de temps en Amérique du Sud où il trouva de nombreux fossiles de mammifères. Ceci fut la partie la plus importante de son voyage.

Les mammifères sud-américains étaient uniques parce que durant une grande partie de l'âge des mammifères, l'Amérique du Sud était une île. Avant l'âge des mammifères, tous les

PARESSEUX GÉANTS

Les découvertes de Darwin comprenaient également quelques paresseux terrestres géants. Aussi grands que des éléphants, on pense qu'ils reposaient sur leurs solides pattes arrières et portaient les feuilles et les branches à leur bouche avec leurs bras munis de longues griffes et leur longue langue. Le *megatherium* (à droite) était le plus grand de tous, avec ses 6 mètres de long. Les paresseux terrestres ont vécu en Amérique du Sud pendant 30 millions d'années, pour s'éteindre il n'y a que quelques milliers d'années. Quelquefois, leurs vestiges 'momifiés' (desséchés) ont été découverts dans des cavernes ainsi que des crottes indiquant ce qu'ils mangeaient.

continents étaient rattachés l'un à l'autre. Mais ils se séparèrent et s'éloignèrent au début de l'histoire des mammifères. L'Amérique du Sud

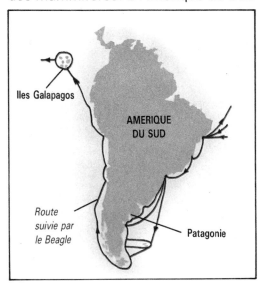

Iles Galapagos

AMÉRIQUE DU SUD

Route suivie par le Beagle

Patagonie

se sépara ainsi du reste.

Les animaux vivant en Amérique du Sud se développèrent d'après des caractéristiques bien définies. Les marsupiaux, menacés dans d'autres régions, se développèrent bien.

Mais il y a 2 millions d'années, l'Amérique du Sud arrivée à sa position actuelle, était rattachée à l'Amérique du Nord par l'étroit isthme de Panama. Dans les luttes qui suivirent, les animaux sud-américains furent vaincus. Les grands *marsupiaux* mangeurs de viande comme les *thylacosmilus* (voir pages 100-101) furent remplacés par des chats, des chiens et des loutres. Les chevaux, les guanacos et les cerfs succédèrent aux mammifères primitifs ongulés. Quelques animaux comme l'opposum et le tatou partirent vers le nord et vivent encore en Amérique du Nord. Mais en général, les animaux du nord prirent la relève et les animaux du sud disparurent.

Durant de nombreuses années, Charles Darwin prépara les preuves concernant la survie du meilleur. Il considérait que la nature sélectionnait ceux qui étaient les mieux adaptés à leur environnement. Un autre naturaliste, Alfred Wallace, était du même avis. En 1858, Darwin et Wallace écrivirent ensemble un exposé scientifique. Ensuite, Darwin publia en 1859 son livre: *'De l'origine des espèces au moyen de la sélection naturelle'* (que l'on appelle souvent simplement *'L'origine des espèces'*). Ceci devint l'un des livres les plus influents jamais publié.

Charles Darwin
Darwin (1809-82) n'avait que vingt-deux ans lorsqu'il rejoignit le Beagle en tant que naturaliste. Son travail de pionnier a permis à la théorie sur l'évolution d'être reconnue pratiquement partout.

DES NOUVEAUX MAMMIFERES

Même si nous ne connaissons pas tous les détails, les tendances générales concernant l'évolution des mammifères d'il y a 50 ou 60 millions d'années et celles d'aujourd'hui sont assez claires.

Par exemple, les premiers mangeurs de plantes comme le *coryphodon* et l'*uintatherium* étaient lourds et maladroits. Ils avaient une petite cervelle et servaient de repas aux carnivores de cette époque. Comparez-les avec un cheval moderne ou une gazelle qui possède un corps léger, de la vitesse, un excellent sens de la vue, de l'ouïe et de l'odorat ainsi qu'une cervelle relativement grande. Il est aisé de comprendre que de telles améliorations les ont aidé à échapper aux prédateurs. Mais au fur et à mesure que les mangeurs de plantes évoluaient, les mangeurs de viande firent de même — il le fallait sinon ils auraient disparu.

Cependant l'évolution présente encore de nombreuses énigmes. Les opposums ont à peine changé en 60 millions d'années. Les pangolins (fourmiliers à écailles) et les chauves-souris sont restés les mêmes pendant 50 millions d'années au moins. Pourquoi? Est-ce que l'évolution a atteint rapidement ce qu'on peut appeler une belle réussite, une créature tellement bien en accord avec son genre de vie qu'il n'était plus possible d'y apporter des améliorations? Ou bien fut-ce une question de chance qu'aucun autre animal ne se soit développé pour prendre leur place?

A l'autre bout de l'échelle, nous connaissons des groupes de mammifères qui n'ont pas arrêté d'évoluer. Leurs fossiles indiquent que l'évolution s'est poursuivie jusqu'à nos jours. Les mammifères ongulés ayant un nombre pair d'orteils est un groupe qui a évolué de cette façon.

DES MAMMIFERES QUI EVOLUENT

Il existe tellement d'espèces de mammifères fossilisés à nombre pair d'orteils qu'il est difficile de les discerner tous. Le oréodontes comme le *merycoidodon* (à gauche) et les *cainothérium* comme le *diochobune* (ci-dessus) étaient les premiers membres de ce groupe. Aujourd'hui, le même groupe comprend des douzaines d'espèces — des cochons, hippopotames, chameaux, moutons, cerfs, bœufs et de très nombreuses antilopes.

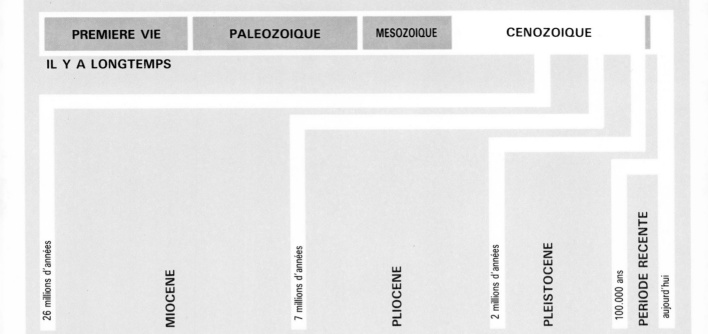

| PREMIERE VIE | PALEOZOIQUE | MESOZOIQUE | CENOZOIQUE |

IL Y A LONGTEMPS

26 millions d'années

MIOCENE

7 millions d'années

PLIOCENE

2 millions d'années

PLEISTOCENE

100.000 ans

PERIODE RECENTE

aujourd'hui

QUATRIEME PARTIE

L'HOMME-SINGE?

Les mammifères qui ont le mieux réussi sur terre, les êtres humains, se sont développés à partir d'animaux ressemblant à des singes vivant il y a plus de 20 millions d'années. Depuis lors, ils se sont mis à dominer le monde d'une façon qui fait même passer à l'arrière-plan les dinosaures. Ils furent les premières créatures à découvrir le feu, à fabriquer eux-mêmes leurs outils pour rechercher leur nourriture et leurs abris et à porter des vêtements pour se réchauffer. Ils ont été aussi les premiers artistes de la terre, et pourtant leur histoire est l'une des plus courtes de toutes les créatures du monde. Ceci est donc l'histoire du début des humains, notre histoire …

NOTRE PASSE LOINTAIN

Les humains appartiennent au groupe des singes (appelé *hominiens*). Nous pouvons commencer à retrouver nos ancêtres en étudiant les fossiles des premiers singes.

On a trouvé des fossiles de différentes créatures ressemblant aux singes pendant la période miocène, qui a commencé il y a 26 millions d'années. L'un d'entre eux était le ramapithèque, que l'on a d'abord trouvé en Inde. Des animaux similaires furent aussi découverts dans d'autres parties de l'Asie. Ils vivaient pendant la période allant de 14 millions à 8 millions d'années.

Ces premiers singes, souvent appelés 'ramapithecines' présentent certaines similitudes avec les humains. Nous ne saurons sans doute jamais s'ils sont nos premiers ancêtres. Mais ils nous donnent une idée de l'évolution possible de nos ancêtres, celle qui allait faire d'eux des humains. Le ramapithèque a vécu à une époque où le climat de la terre devenait plus sec. Cela obligea les ramapithecines à évoluer avec leur temps pour survivre.

Les ramapithecines, tout comme d'autres singes, étaient bâtis spécialement pour grimper dans les arbres. Mais comme les arbres devenaient moins nombreux, ils ont passé de plus en plus de temps sur le sol. De nombreux savants pensent que ce changement qui fit passer les ramapithecines des arbres à une vie sur le sol les poussa sur le sentier conduisant aux premiers humains.

UN PETIT PEU SIGNIFIE BEAUCOUP

La plupart des fossiles de ramapithèques que l'on a trouvés jusqu'à présent ne sont que des fragments. Seulement une ou deux dents, avec un morceau de l'os de la mâchoire. L'une des découvertes les plus complètes est celle de la plus grande partie d'une mâchoire inférieure. On n'a pratiquement pas trouvé d'autres parties de squelettes.

Comment est-il possible de dire, à partir de ces petits fragments, à quoi ressemblaient les *ramapithecines* et comment ils vivaient? En comparant ces fossiles avec les mêmes parties d'autres créatures mieux connues, 'un petit peu signifie beaucoup de choses'.

Le nombre et la forme des dents indiquent que le ramapithèque était certainement un primate. Cela signifie qu'il appartenait au groupe comprenant les singes, les grands singes sans queue et les humains. Mais était-il plus proche des singes ou de nous?

La forme de la mâchoire suggère que les *ramapithecines* se trouveraient du même côté que nous dans l'arbre généalogique, comme vous pouvez le voir à l'extrême droite. La façon dont les dents sont usées donne également plus d'indications que vous ne

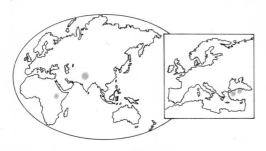

■ = lieux où l'on a retrouvé des vestiges de ramapithèques.

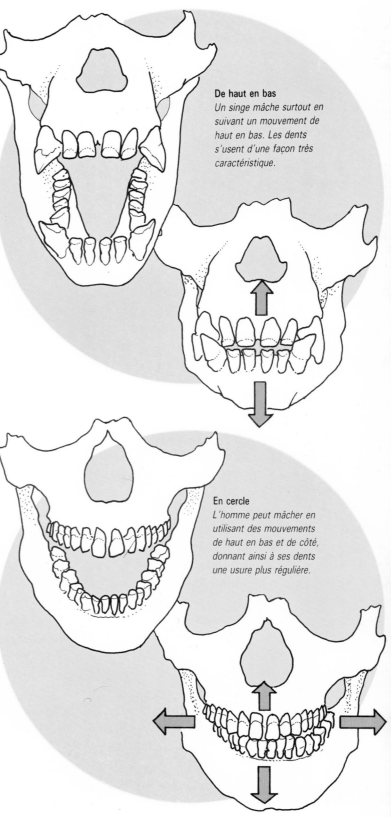

De haut en bas
Un singe mâche surtout en suivant un mouvement de haut en bas. Les dents s'usent d'une façon très caractéristique.

En cercle
L'homme peut mâcher en utilisant des mouvements de haut en bas et de côté, donnant ainsi à ses dents une usure plus régulière.

pouvez le supposer. Imaginez que vous mâchez un morceau de nourriture dure. Vos mâchoires se déplacent de haut en bas et aussi latéralement de sorte que vos dents s'usent d'une façon égale et plate. Les singes modernes ne déplacent pas leurs mâchoires latéralement, seulement de haut en bas — en partie parce que leurs longues canines sont dans le chemin. Leurs dents s'usent alors d'une façon très inégale, avec des rainures et des trous. Les dents du ramapithèque font apparaître une usure ressemblant plus à la nôtre qu'à celle des singes modernes.

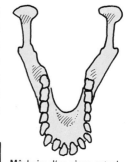

Mâchoire d'un singe actuel
Un singe actuel possède une grande mâchoire proéminente. Les côtés de la mâchoire sont parallèles. Les dents sont grandes comparées à l'os de la mâchoire.

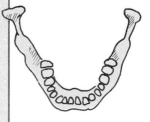

Mâchoire humaine
La mâchoire d'un homme est petite et n'est pas très proéminente. Les côtés de la mâchoire ne sont pas parallèles — ils suivent une ligne courbe. Les dents sont assez petites.

AVANT LE CHIMPANZE

Proconsul est le nom d'un singe fossilisé du Miocène, il y a environ 20 millions d'années. Ses vestiges viennent d'Afrique orientale. Cet animal présente beaucoup de similitudes avec le chimpanzé actuel. Son nom provient du chimpanzé bien connu appelé Consul qui vivait au zoo de Londres ('pro-' signifie 'avant'). Comme de nombreux autres singes fossilisés, sa place exacte dans l'histoire de l'évolution est incertaine. Nous ne sommes absolument pas sûrs qu'il s'agit de l'ancêtre des chimpanzés actuels.

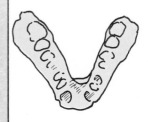

Mâchoire du ramapithèque
La mâchoire des ramapithèques présente plus de similitudes avec l'homme qu'avec le singe moderne. Elle n'est pas très grande et sa forme est plus courbée que la forme en U d'une mâchoire de singe. Les dents sont aussi assez petites.

TOUS LES SINGES ENSEMBLE

Nous pouvons nous tourner vers le passé, simplement en regardant aujourd'hui autour de nous et en trouvant des animaux qui se ressemblent. On peut alors essayer de trouver quelles caractéristiques se sont développées récemment et quelles autres existent depuis longtemps — vraisemblablement héritées d'un ancêtre commun.

Il existe cinq sortes de singes vivant à l'heure actuelle. Regardez les dessins de ces singes. Vous percevez directement les grandes différences qui existent entre eux.

Les hommes semblent ne pas avoir de poils, tandis que les autres ont une fourrure épaisse. En réalité, ceci n'est pas tout à fait vrai. En effet, nous avons plus de poils sur notre corps que n'importe quel autre singe — mais nos poils sont beaucoup plus petits et plus fins! Le surnom de singe nu donné aux humains n'est donc pas vraiment correct.

Mais il existe beaucoup d'autres différences plus importantes. Nous sommes des singes marcheurs qui se tiennent droits. Les autres sont en réalité adaptés pour grimper aux arbres. Leurs bras sont plus longs que leurs jambes et ils peuvent se balancer facilement dans les arbres. Ils peuvent se tenir debout aussi bien avec leurs mains qu'avec leurs pieds. S'ils se déplacent sur le sol, c'est gé-

Les singes actuels
A première vue, l'homme semble très différent des autres singes. Mais une étude scientifique des os, des tissus et de la chimie du corps atteste que les humains sont très semblables aux chimpanzés et aux gorilles.

Orang-outang

Gorille

Gibbon

néralement à quatre pattes, en utilisant leurs pieds et les articulations de leurs mains. La forme de leurs hanches indique la façon dont ils marchent, tout comme la position de leur tête sur leur épine dorsale.

L'idée populaire prétendant que les hommes descendent des chimpanzés ou d'autres singes vivant aujourd'hui n'est pas exacte. Ils ont évolué en partant d'un ancêtre commun, tout comme nous.

Quel singe vivant aujourd'hui est notre plus proche cousin? On peut interpréter les faits de différentes façons. En général, si l'on inclut des ressemblances dans la chimie du corps (voir à droite), le chimpanzé pourrait être notre plus proche cousin vivant.

Homme

Chimpanzé

DONNEES CHIMIQUES

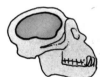

De nombreuses données concernant l'évolution proviennent de la forme des os et d'autres parties du corps. Récemment, les savants se sont rendu compte que la forme des molécules chimiques se trouvant dans le corps pouvait être révélatrice. La théorie nous signale que plus la composition chimique du corps est similaire chez deux animaux, plus étroit est le lien entre ces animaux. Par exemple, l'élément chimique se trouvant dans le sang, l'*hémoglobine*, porte l'oxygène des poumons vers toutes les parties du corps.

L'hémoglobine a une structure compliquée comprenant plus de 500 sous-unités, montées en ligne comme des grains sur un fil. La forme principale de l'hémoglobine chez les humains est identique à celle de l'hémoglobine des chimpanzés. Il est peu probable que ces hémoglobines aient évolué d'une façon séparée; il est beaucoup plus certain que les humains et les chimpanzés les ont héritées d'un ancêtre commun.

Molécule d'hémoglobine

GRANDS CERVEAUX

Il existe de nettes différences dans la taille moyenne du cerveau chez les singes actuels:

gibbons	environ 90 mls (millilitres)
chimpanzés	environ 400 mls
orangs-outangs	environ 450 mls
gorilles	environ 500 mls
hommes	environ 1300 mls

Même si l'on tient compte des différences dues à la taille du corps, les hommes ont de loin le plus grand cerveau par rapport à leur corps. Un cerveau plus grand semble entraîner une plus grande intelligence.

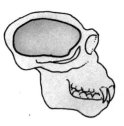

Gibbon

Chimpanzé

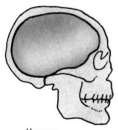

Homme

UN PAS EN AVANT

Il y a environ 4 millions d'années, un nouveau type d'animal s'est développé. Il présentait de nombreuses caractéristiques humaines bien qu'on ne puisse pas l'appeler un homme. C'était l'australopithèque, le singe du sud. On n'a trouvé des fossiles de cette créature qu'en Afrique.

L'australopithèque a un museau assez court (nez et bouche) comparé aux autres singes et ses dents présentent certaines caractéristiques humaines. Mais il avait seulement la taille d'un chimpanzé et une petite cervelle.

Certains fossiles sont ceux de la hanche et des pattes. Leur forme témoigne que l'australopithèque pouvait marcher sans problème en utilisant seulement ses pattes arrière. Les singes ne peuvent le faire que d'une façon maladroite et seulement sur de courtes distances. Ils préfèrent progresser à quatre pattes. Les derniers doutes concernant l'aptitude à la marche de l'australopithèque furent balayés lorsque l'on découvrit à Lætoli, en Tanzanie, les traces d'empreintes de pas fossilisées.

Les australopithèques n'étaient pas vraiment humains ni singes, au sens habituel de ces mots. Certaines personnes les appellent des hommes-singes mais ceci n'est pas très scientifique. C'est pourquoi ces créatures, ainsi que d'autres qui ressemblent suffisamment aux humains pour permettre de penser qu'ils appartiennent à notre famille, sont comprises dans celles des humains *hominidae*. On les appelle des hominidés.

NOS ANCETRES A TOUS?

En 1924, le Docteur Raymond Dart trouva en Afrique du Sud le premier crâne d'australopithèque. Il se rendit rapidement compte de l'importance de ce 'chaînon manquant' dans l'évolution des êtres humains. Cependant beaucoup de ses collègues savants ne furent pas convaincus. Ils pensaient que le petit crâne trouvé dans une carrière près de Taungs était celui d'un chimpanzé. D'autres savants l'appelaient méchamment 'l'enfant de Dart'. Aujourd'hui, cela ne fait pratiquement plus aucun doute que l'enfant de Dart est vraiment le chaînon manquant.

L'un des spécimens les plus connus et les plus complets est aussi l'un des plus vieux. Il s'agit de 'Lucy', qui vécut il y a environ 3 millions d'années dans ce qui est maintenant l'Ethiopie. Ses vestiges furent découverts en 1974 par le Docteur Donald Johanson. Outre les morceaux de dents et de crâne habituels, ce sont aussi les os de la hanche et des membres qui attirèrent l'attention. Ceux-ci prouvèrent à Johanson que Lucy marchait droite ou à peu près. Lucy présente un mélange de caractéristiques de singe et d'homme. En particulier, l'os de la hanche et le dessus du fémur ressemblent bien plus à un os humain qu'à

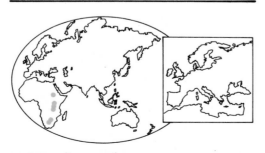

 = lieux où l'on a retrouvé des fossiles d'australopithèques.

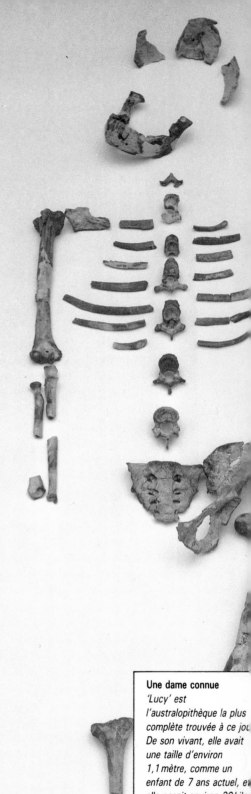

Une dame connue
'Lucy' est l'australopithèque la plus complète trouvée à ce jou De son vivant, elle avait une taille d'environ 1,1 mètre, comme un enfant de 7 ans actuel, e elle pesait environ 30 kilo L'histoire dit qu'elle doit son surnom à la chanson des Beatles 'Lucy in the sky with diamonds', que l'on jouait dans le camp des chasseurs de fossiles

celui d'un singe. De plus, l'épine dorsale soutenait le crâne par le bas plutôt que par l'arrière.

Cette position verticale fut vraiment un grand pas en avant dans l'évolution. Les mains, libérées de la nécessité de soutenir le mouvement en se retenant aux branches, purent se mettre à explorer, à utiliser et à transformer des objets.

Certaines parties de Lucy ressemblaient encore assez à celles d'un singe. Sa tête présentait un front assez bas, l'arête des sourcils et les mâchoires étaient proéminentes. D'autres parties étaient plus humaines — les dents étaient petites et la mâchoire était courbée et ne ressemblait pas à un U comme chez le singe.

Lorsque d'autres fossiles d'australopithèques furent découverts, on remarqua que ces hominidés variaient considérablement tout en présentant des caractéristiques légèrement différentes. Nous avons là sans doute plus d'une espèce. Mais combien? Vous pourrez trouver la réponse à la page suivante.

Faire un petit tour
Les empreintes de pas fossilisées bien connues de Laetoli dont on parle à la page 115 attestent certainement d'un mouvement bipède — déplacement sur deux pattes. Il n'est pas prouvé qu'une créature telle que Lucy le fit, mais cela n'est pas impensable. Certains savants disent que ces empreintes indiquent une courbure des orteils. Si c'est vrai, il s'agit d'une caractéristique des singes. Peut-être n'était-il pas aussi facile pour un australopithèque de marcher debout que pour un homme moderne.

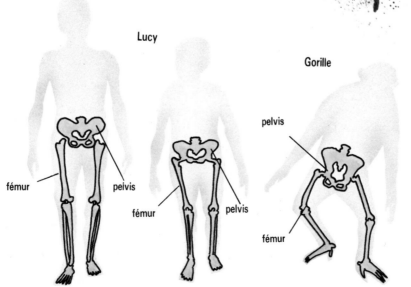

Homme

Lucy

Gorille

fémur   pelvis

fémur   pelvis

pelvis

fémur

Tout est dans la hanche!
Comparez les sommets des fémurs d'un homme, d'un gorille et d'un australopithèque comme Lucy. Chez l'homme, la ligne de soutien passe verticalement par le pelvis dans la colonne vertébrale. Chez un gorille, le fémur est incliné puisque le singe marche à quatre pattes. L'australopithèque avait un fémur ressemblant à celui de l'homme et se tenait debout pour marcher.

117

Australopithecus afarensis
Il s'agit de la première espèce d'australopithèques à laquelle appartient Lucy. Leurs fossiles trouvés en Afrique orientale remontent à 3,6 à 2,8 millions d'années. Ils étaient petits, 1,1 à 1,2 mètres, bien que l'on ait trouvé des spécimens plus grands qui étaient sans doute les mâles de l'espèce.

Australopithecus africanus
Les vestiges remontent à 3 ou 2,5 millions d'années et proviennent d'Afrique du Sud. Ils étaient un peu plus grands que les afarensis et avaient un cerveau et des dents de devant plus grandes.

Australopithecus boisei
Les restes de cet hominidé ont été découverts en Afrique orientale où il vécut il y a 1,8 millions d'années. Ses dents et ses mâchoires sont massives et mieux adaptées pour mâcher et moudre la nourriture que le robustus. On l'a surnommé 'l'homme casse-noisettes'.

Australopithecus robustus
Les fossiles de cette espèce proviennent d'Afrique du Sud et datent de 2 à 1,5 millions d'années. Ils étaient fortement charpentés et munis de puissantes mâchoires ainsi que de grosses molaires, servant probablement à mâcher des plantes dures.

COMBIEN D'AUSTRALOPITHEQUES?

Le groupe de base des êtres vivants est appelé espèce. La première chose à faire lorsqu'on se trouve face à n'importe quelle plante ou animal est de retrouver à quelle espèce il appartient. Pourtant, avec les fossiles, ce n'est pas toujours facile.

La définition moderne d'une espèce est un groupe d'animaux (ou de plantes) qui peuvent se reproduire et qui ont des jeunes pouvant également se reproduire. Evidemment les fossiles ne se reproduisent pas! Tous les animaux d'une même espèce se ressemblent d'habitude. Les tigres sont grands et présentent des rayures. Les léopards — une espèce différente — sont plus petits et ont des taches. Mais les fossiles n'ont ni taches ni rayures. Avec des os et des dents fossilisés, nous ne pouvons pas arriver à des conclusions probantes concernant l'aspect général.

Dans de nombreuses collections de fossiles, il est donc difficile de décider du nombre d'espèces représentées. S'il s'agit de l'évolution humaine c'est encore plus compliqué. A part quelques spécimens comme Lucy, les seuls fossiles dont on dispose sont de petits fragments de crânes, de mâchoires et de dents.

Certains spécialistes en fossiles considèrent qu'il y a deux espèces d'australopithèques. D'autres prétendent qu'il y en a trois. Certains parlent même de quatre, ainsi que nous le voyons ci-contre. Il est peut-être préférable, si l'on se base sur les preuves actuelles, de considérer deux sortes principales d'australopithèques et pas nécessairement deux espèces. L'une des variétés serait l'australopi-

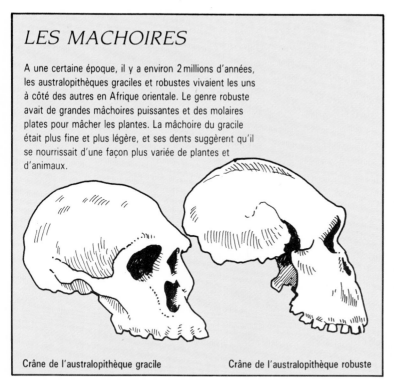

LES MACHOIRES

A une certaine époque, il y a environ 2 millions d'années, les australopithèques graciles et robustes vivaient les uns à côté des autres en Afrique orientale. Le genre robuste avait de grandes mâchoires puissantes et des molaires plates pour mâcher les plantes. La mâchoire du gracile était plus fine et plus légère, et ses dents suggèrent qu'il se nourrissait d'une façon plus variée de plantes et d'animaux.

Crâne de l'australopithèque gracile   Crâne de l'australopithèque robuste

thèque gracile ayant un corps fin ainsi qu'une petite mâchoire et des dents. L'*afarensis* et l'*africanus* faisaient partie de ce groupe. L'autre type serait formé des australopithèques robustes, comprenant le *robustus* et le *boisei*. Comme leur nom l'indique, ils étaient plus grands, plus lourds et possédaient de plus grandes mâchoires. Le type robuste était un mangeur de plantes spécialisé, tandis que le type gracile recourait à une nourriture plus étendue et mélangée. Que leur est-il arrivé? Il semble que les australopithèques robustes étaient trop spécialisés pour être nos ancêtres et ont disparu.

Peut-être que leurs cousins *graciles* ont peu à peu gagné la bataille pour la nourriture et le territoire au cours de leur évolution, comme nous le verrons dans le chapitre suivant.

Creuser pour manger
Il y a environ 2 millions d'années, les australopithèques robustes traversèrent l'Afrique en recherchant de la nourriture (des racines et des fruits).

LE PREMIER BRICOLEUR

Les fossiles nous indiquent qu'il y avait en Afrique orientale il y a environ 1,8 millions d'années un singe qui ressemblait à un homme et qui pouvait fabriquer et utiliser des outils. C'est une caractéristique humaine. Différents animaux, y compris les chimpanzés et quelques oiseaux, utilisent des outils comme des cailloux et des brindilles pour trouver leur nourriture. Mais seuls les hommes prennent d'une façon régulière les objets de leur environnement pour les transformer et en faire des outils.

Le fabricant d'outils d'il y a près de 2 millions d'années s'appelait l'*homo habilis*. On considère qu'il est assez proche de nous pour appartenir au même genre, le genre homo. Le nom scientifique *homo habilis* signifie homme habile.

L'homme habile fabriquait des outils primitifs en pierre en les frappant l'une contre l'autre de façon à en détacher des éclats et obtenir ainsi un côté tranchant pour couper et gratter. Des outils de ce genre sont très tranchants et efficaces.

A certains endroits où l'on a trouvé les outils de l'homme habile, il y avait également des restes d'os d'animaux. Certains os portent des marques faites par des coupures — probablement des restes de nourriture découpés à l'aide de couteaux de pierre.

En même temps que son aptitude à fabriquer des outils, il semble que l'homme habile ait eu un cerveau plus grand que l'australopithèque. Mais il ne mesurait toujours que 1,4 mètre.

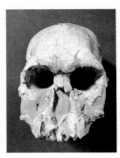

On avance!

L'un des fossiles habilines les plus connus est ce crâne, connu sous le nom de code de '1470'. Lorsqu'il fut découvert, il permit de faire reculer de plusieurs centaines de milliers d'années le début des vrais humains, il y a environ 2 millions d'années.

LES PREMIERS HUMAINS

Malgré la découverte en Afrique des australopithèques ressemblant encore à des singes et celle de l'*homo erectus* déjà beaucoup plus humain faite en Europe, en Asie de l'Est et à d'autres endroits (page 127), il y avait toujours un trou ou un chaînon manquant dans l'évolution des humains. Les découvertes intéressantes de l'*homo habilis* remplirent ce vide.

Les premiers spécimens d'homme habile (ou *habilines,* comme les appellent les experts en fossiles) furent trouvés au début des années 60 dans les gorges Olduvai en Tanzanie. D'autres vestiges furent découverts à Koobi Fora, au Kenya, et à Omo en Ethiopie. C'étaient surtout des dents, des morceaux de crânes et de mâchoires, trouvés dans les rochers et datant de 2 à 1,5 millions d'années. Ils ressemblaient quelque peu aux traces des australopithèques trouvées non loin de là. Mais il apparut bien vite que les *habilines* avaient des cerveaux plus grands — d'un volume allant de 650 à 750 ml.

Comme d'habitude, le tableau n'est pas aussi clair que nous aurions pu l'espérer. Certains fossiles d'*habilines* possèdent de grands cerveaux, mais aussi des mâchoires et des dents qui ne sont pas très humaines. D'autres ont des mâchoires et des dents comme des hommes, mais de petits cerveaux. Comme pour l'australopithèque, il se peut qu'il y eut plus d'une espèce d'*habilines.*

Ce que nous pouvons dire, c'est qu'il y a un peu moins de 2 millions d'années, vivaient en Afrique des singes ressemblant aux hommes et dont le cerveau était plus grand que celui des australopithèques. Il est à peu près certain qu'ils fabriquaient et utilisaient des outils, comme vous pouvez le lire à la page suivante.

Et peu à peu, les australopithèques disparurent.

UNE MINE D'OR DE FOSSILES!

Près du cratère sauvage du Ngorongoro, en Afrique orientale, on trouve Olduvai Gorge. Cette vallée encaissée mesure 40 kilomètres de long et 100 mètres de profondeur à certains endroits. Il y a environ 2 millions d'années, dans la profondeur de la gorge, il y avait des berges et le fond d'un lac. Depuis lors, celui-ci a été recouvert par d'innombrables couches de roches sédimentaires, enfermant et fossilisant tout ce qui s'y trouvait. Ensuite, les mouvements importants de la terre dans cette région (que l'on appelle la Rift valley) déchirèrent le sol pour mettre à jour les anciennes roches. Olduvai Gorge (à droite) est mondialement connue pour les découvertes de différents fossiles d'hominidés, faites surtout par les paléontologues Louis et Mary Leakey. On a également retrouvé les restes de plusieurs milliers d'autres animaux dont certains étaient inconnus de la science. L'homme casse-noisettes (page 118) fut découvert ici en 1959, et en 1960 on découvrit le premier spécimen de *l'homo habilis.*

☐ = lieux d'Afrique orientale où on a trouvé les fossiles de l'homo habilis.

Olduvai Gorge

Les Leakey au travail
La famille Leakey se place parmi les meilleurs experts et découvreurs de fossiles depuis de nombreuses années. Mary (à l'extrême gauche) examine un crâne reconstruit; Louis (à gauche) dégage délicatement un fossile encastré; tandis que leur fils Richard (ci-dessous) étudie un endroit intéressant.

DE BONS OUTILS

Les plus vieux outils du monde sont les simples cailloux aux arêtes acérées trouvés à des endroits tels que Olduvai Gorge. Certains cailloux ressemblent à des couteaux. Ils étaient peut-être utilisés pour percer la peau dure des animaux et arriver à la viande qui se trouvait en dessous. D'autres ressemblent plus à des grattoirs, sans doute pour gratter la viande se trouvant sur les os d'animaux.

Les outils préhistoriques ont reçu des noms suivant le degré de complication et d'habileté de leur fabricant. Ces premiers outils sont connus sous le nom de oldowan (provenant des Olduvai Gorge).

A un certain moment, on a cru que les australopithèques avaient fabriqué ces outils oldowan. Nous pensons plutôt maintenant qu'il s'agit de l'*homo habilis* (homme habile). On peut douter que les australopithèques avec leur petit cerveau aient été capables de choisir les bonnes pierres, de décider de leur format et d'en enlever ensuite soigneusement des éclats.

Pour fabriquer des outils, il faut de la mémoire, une pensée abstraite et une bonne coordination entre la main et l'œil. Il est peu probable que nous trouvions jamais l'homme habile pris sur le fait — c'est-à-dire un fossile d'un *homo habilis* tenant un outil de pierre dans sa main. Nous ne pourrons donc jamais être sûrs que les *habilines* aient vraiment fabriqué les outils. Mais on trouve ces outils dans des roches ayant le même âge que les vestiges des *habilines*.

On a également trouvé des outils oldowan en Ethiopie, dans des roches qui peuvent dater de 2,5 millions d'années, c'est-à-dire un demi million d'années avant que les premiers fossiles d'homo habilis aient été découverts. Cela signifie-t-il que les australopithèques aient fabriqué des outils? Il est davantage pensable que les *habilines* vivaient déjà à cette époque.

Pierres ou os?
Les savants sont pratiquement certains que les habilines utilisaient des cailloux affûtés comme outils. Il est moins sûr qu'ils employaient des os brisés comme masse ou comme gouge.

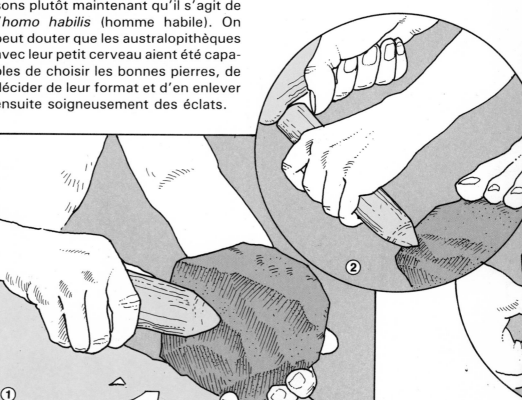

POURQUOI UN GRAND CERVEAU?

Certaines parties des animaux comme la cervelle ne se conservent pas. Comment connaissons-nous alors la taille de la cervelle sur base des fossiles? On peut repérer l'endroit où elle se trouvait — l'intérieur du crâne. Si un crâne fossilisé est suffisamment complet, il est possible de mesurer le volume intérieur du *cranium* (boîte crânienne).

Mais est-ce qu'une plus grande cervelle entraîne une intelligence plus élevée? Chez les humains, cela n'est pas nécessairement le cas. Ce n'est pas vrai non plus

pour les animaux — sinon, la grande baleine qui possède la plus grande cervelle, serait de loin la plus intelligente. Mais dans l'évolution humaine, la taille du cerveau et, ce qui est plus important, sa taille comparée au reste du corps, semble être en relation avec l'intelligence.

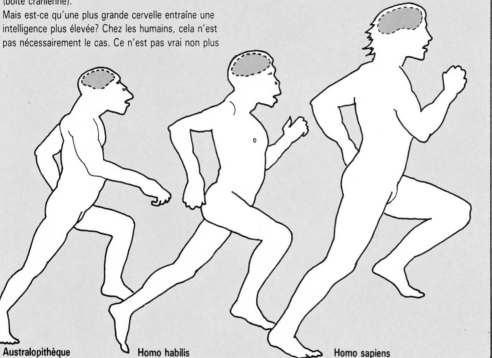

Australopithèque   Homo habilis   Homo sapiens

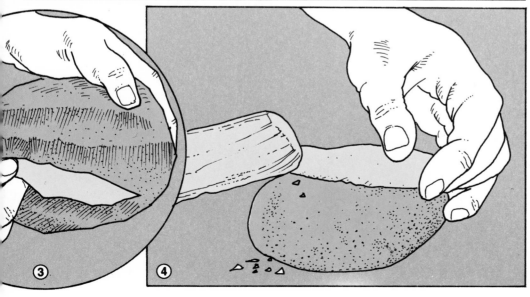

Travailler la pierre

1 L'emploi d'un morceau d'os ou d'andouiller comme marteau permet d'obtenir une forme plus fine de silex en n'enlevant que de petits morceaux.

2 En frappant un burin en os avec un marteau, on parvient à aiguisier le silex avec précision.

3 Par le choc une fine feuille de silex est enlevée.

4 Il est possible d'émousser un côté de la feuille en la frappant de petits coups de marteau pour pouvoir la tenir en main sans problème.

HORS D'AFRIQUE

Les premiers hominidés, l'australopithèque et l'*homo habilis,* ont vécu en Afrique. Les premières personnes dont nous pouvons dire qu'elles proviennent de ce continent appartiennent au groupe appelé *homo erectus* — signifiant homme debout. Ces êtres vivants avaient une taille très semblable à la nôtre. Mais les différences principales se trouvaient dans leur crâne et leurs dents. Ceux-ci ne correspondaient pas entièrement à ceux des hommes modernes et leur cerveau n'avait que deux tiers du nôtre.

Les plus vieux fossiles de l'*homo erectus* sont vieux d'environ 1,5 million d'années et furent découverts en Afrique. Ces êtres devaient donc vivre là. Mais il y a 1 million d'années, ils se sont étendus jusqu'au sud de l'Asie et on en a trouvé des restes dans le nord de la Chine et en Europe.

L'un des fossiles de l'*homo erectus* le plus connu est 'l'homme de Pékin' (page 131), trouvé dans une caverne préhistorique près de Pékin, en Chine. Ses semblables ne fabriquaient pas seulement de bons outils en pierre comme des haches à main d'une belle forme mais ils utilisaient également le feu. La caverne près de Pékin contient des restes de charbon de bois, d'os brûlés et de couches de cendres.

Les vestiges de la caverne nous indiquent que les hommes de Pékin restèrent au même endroit pendant un certain temps. Ces humains se tenant debout, fabriquant des outils et utilisant le feu ont commencé à avoir des 'maisons'.

Les outils acheuléens
*Les outils bien formés
des erectus représentent
une grande amélioration
par rapport aux cailloux
grossièrement taillés des
habilines.*

LES PREMIERS FEUX DE CAMP

En hiver, le nord de la Chine peut être un endroit froid. Pour le 'singe nu' qu'était l'*homo erectus,* avec ses premières lueurs d'intelligence humaine et ses ressources, tout ce qui pouvait rendre la vie un peu plus facile valait la peine d'être considéré. Un feu de forêt déclenché par la foudre pendant un orage d'automne... cela donnait de la chaleur... Que se passerait-il si on alimentait le feu avec des brindilles et si on le maintenait en vie?

C'est peut-être une histoire tirée par les cheveux, mais on pense vraiment que l'homme de Pékin utilisait le feu. Nous ne savons pas s'il pouvait vraiment faire du feu lorsqu'il le souhaitait ou s'il avait seulement appris à maintenir un feu allumé par un quelconque phénomène naturel. On a également découvert des pierres roussies près de ces camps. Est-ce que ces êtres fabriquaient des fours avec des pierres chaudes? Peut-être plaçaient-ils des pierres chaudes dans l'eau pour la réchauffer. Si c'est le cas, ils devaient disposer d'une sorte de récipient — peut-être même un trou dans le sol ou un creux dans un rocher.

Liés à de nombreuses découvertes de l'*erectus,* on trouve ses outils caractéristiques. Ce sont des haches acheuléennes qui doivent leur nom à un endroit en France où elles ont été trouvées. Ces haches ont d'habitude la forme d'une poire pointue. On en a trouvé des premiers fossiles d'il y a 1,5 million d'années et on les retrouve d'une façon continue sous cette forme pendant un million d'années. On a trouvé des haches à main dans la plupart des parties du monde, y compris en Europe où les fossiles de

= lieux où l'on a trouvé des fossiles ou des traces de l'*homo erectus.*

l'*homo erectus* n'ont pas encore été découverts. Si l'on se base sur nos connaissances actuelles, l'homme debout semble s'être développé en Afrique. Ensuite, des groupes commencèrent à se disperser dans le monde. Ils arrivèrent en Europe il y a 800.000 ans. Ces hommes étaient intelligents et s'adaptaient suffisamment pour survivre loin de la chaleur et de la nourriture des tropiques.

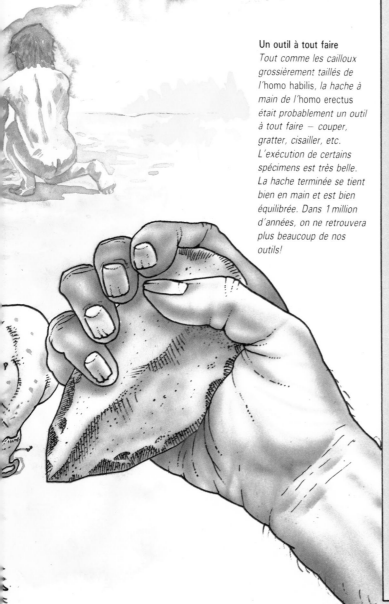

Un outil à tout faire
Tout comme les cailloux grossièrement taillés de l'homo habilis, la hache à main de l'homo erectus était probablement un outil à tout faire — couper, gratter, cisailler, etc. L'exécution de certains spécimens est très belle. La hache terminée se tient bien en main et est bien équilibrée. Dans 1 million d'années, on ne retrouvera plus beaucoup de nos outils!

MARCHER DEBOUT

Les fossiles les plus anciens et les plus complets d'*homo erectus* furent trouvés au lac Turkana au Kenya, en 1984. Si l'on regarde spécialement les dents et la formation de la hanche, les os proviennent vraisemblablement d'un garçon de 12 ans. Il mesurait 1,6 mètre — aussi grand qu'un garçon de 12 ans d'aujourd'hui.

En réalité, à part le fait que les os sont un peu plus gros et plus rudes, ils sont très semblables aux nôtres. La seule grande différence vient du crâne. Le front est bas et les sourcils sont proéminents. Le volume du cerveau de l'enfant se situait entre 900 et 1000 mls — bien plus grand que l'*homo habilis*, mais plus petit que l'homme moderne. Le corps était pratiquement celui d'un homme actuel, mais le cerveau devait encore se développer quelque peu.

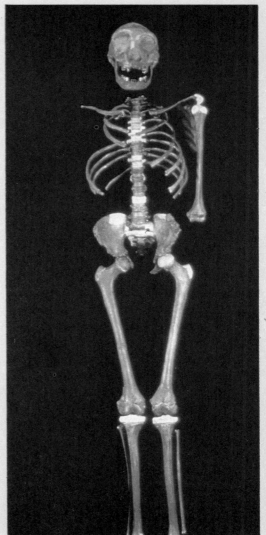

COMBIEN D'HOMMES-SINGES?

D'où venons-nous? Cette question a toujours présenté une fascination particulière pour les hommes. Les recherches de notre évolution n'ont pas apporté une réponse nette et claire.

La science ne commença à prendre l'évolution au sérieux qu'après la publication du livre qu'écrivit le naturaliste réputé Charles Darwin *'De l'origine des espèces'*. A cette époque, en 1859, on n'avait trouvé qu'un seul type de fossiles — l'homme de Néanderthal (page 138).

Le découvreur de Piltdown
Charles Dawson était un homme de loi qui recherchait les fossiles durant son temps libre. Il trouva les premiers morceaux de fossiles à Piltdown Common en 1908.

Au début de la chasse aux fossiles de nos ancêtres, on disposait à peine d'une structure de connaissances où l'on pouvait intégrer les découvertes. Il n'était pas possible de les comparer à des découvertes similaires et les savants avaient toute liberté pour exprimer leur propre interprétation. D'autre part, certains chercheurs souhaitaient surtout se faire un nom et découvrir le chaînon manquant. Il en résulta que de nouvelles espèces et de nouveaux groupes furent nommés en se basant sur des preuves très minces.

La chasse au passé a été également influencée par le monde actuel — cer-

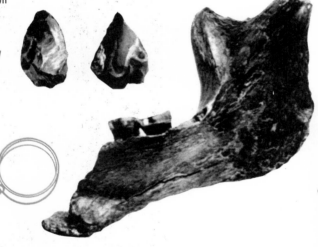

LA SUPERCHERIE DE PILTDOWN

Les fossiles de mauvaise réputation de l'homme de Piltdown furent découverts en 1912 dans une sablière du Sussex en Angleterre par Charles Dawnson — un géologue amateur. Pendant tout un temps, on découvrit différents morceaux fossilisés dans une sablière. L'âge les avait brunis et lorsqu'on les mit ensemble, ils formèrent un crâne humain presque complet avec une mâchoire de singe. De nombreux savants attendaient une telle découverte — un homme primitif âgé de plusieurs centaines de milliers d'années avec un grand cerveau mais une mâchoire et des dents ressemblant à un singe. Ils saluèrent cette découverte comme étant le 'vrai chaînon manquant' et ne tinrent aucun compte des autres qui se demandaient si le crâne et les mâchoires allaient bien

taines collections intéressantes de fossiles ont été perdues pendant la deuxième guerre mondiale et des fouilles ont dû être abandonnées à cause des combats.

De nouvelles découvertes sont faites tout le temps. Peu à peu, le tableau devient plus évident. Comme on trouve et on étudie de plus en plus de vestiges, les experts peuvent retrouver des similitudes entre les spécimens et il est possible de voir plus clairement les caractéristiques générales de l'évolution. Vous pouvez trouver ci-contre un schéma de quelques-unes des découvertes d'hominidés les plus importantes au cours des cent dernières années.

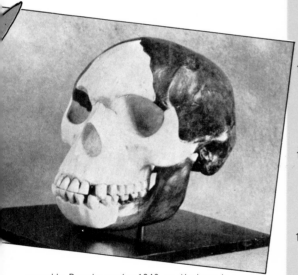

ensemble. Dans les années 1940, on développa la technique de datation au fluor. Les fossiles absorbent le fluor se trouvant dans le sol et plus longtemps ils sont enterrés, plus ils contiennent du fluor. On testa l'homme de Piltdown. Le crâne et la mâchoire ne contenaient pratiquement pas de fluor. Le technicien exécutant le test remarqua alors que la couleur brune ne se retrouvait qu'à la surface des os. Plus bas, ceux-ci étaient blancs et nouveaux. L'homme de Piltdown fut exposé comme une farce. Les os n'avaient en réalité que 500 ans environ. Le crâne était celui d'un homme, la mâchoire provenait d'un orang-outang dont on avait limé les dents pour la faire ressembler à celle d'un homme.

Jusqu'à présent, personne ne sait qui a organisé cette farce, se moquant ainsi des experts en évolution humaine pendant plus de 30 ans.

LES HOMINIDES — JADIS ET AUJOURD'HUI

Année	Découverte	Nom scientifique de l'époque	Nom scientifique actuel
1856	Homme de Néanderthal	*Homo neanderthalensis* 'Homme de la vallée de Neander'	*Homo sapiens neanderthalensis*
1891	Homme de Java	*Pithecanthropus erectus* 'Homme-singe debout'	*Homo erectus*
1912	Homme de Piltdown	*Eoanthropus* 'Homme de Dawn'	*(voir ci-dessous à gauche)*
1924	Enfant Taung	*Australopithecus africanus* 'Singe sud-africain'	*Australopithecus africanus*
1929	Homme de Pékin	*Sinanthropus pekinensis* 'Homme de Chine ou de Pékin'	*Homo erectus*
1938	Homme de Kromdraai	*Paranthropus robustus* 'Demi-homme robuste'	*Australopithecus robustus*
1959	Homme casse-noisettes	*Zinjanthropus*	*Australopithecus boisei*
1960	Homme habile	*Homo habilis*	*Homo habilis*
1974	Lucy	*Australopithecus afarensis*	*Australopithecus afarensis*

Singe ancestral

NOS ANCETRES —
AUJOURD'HUI

Avant d'analyser les débuts de notre propre espèce, l'*homo sapiens,* résumons ce que nous savons de notre passé.

Notre passé lointain, comprenant éventuellement des êtres comme le ramapithèque, manque beaucoup de précision. Ensuite la descendance se poursuit jusqu'à l'*homo sapiens* en passant par l'australopithèque *afarensis.* Comme on l'a mentionné à la page 118, certains savants avancent l'idée qu'il n'existe pas 4 espèces séparées d'australopithèques mais 2. Cela signifie que tout le monde ne croit pas que l'australopithèque se soit développé pour devenir l'*homo habilis.* Certains prétendent qu'il faut s'attendre à trouver à une époque antérieure un pré-hominidé qui serait l'ancêtre de l'australopithèque ainsi que de l'*homo habilis.* Cela signifie que l'australopithèque ne se trouverait pas sur la ligne d'évolution directe menant à l'homme moderne.

De nombreux savants pensent que l'australopithèque *robustus* et l'*homme de Néanderthal* sont des impasses sur le plan de l'évolution. Mais on accepte en général l'idée que l'*habilis* s'est développé en *erectus* pour devenir le *sapiens.*

Pendant la période allant de 500.000 à 30.000 ans, le tableau reste confus. Certains fossiles présentent des caractéristiques que l'on retrouve aussi bien chez l'*erectus* que chez l'homme moderne. Que s'est-il passé? On avance deux idées principales: Certains prétendent que lorsque l'*homo erectus* s'est développé, il s'est dispersé de par le monde et les différents groupes ont évolué alors pour devenir l'*homo sapiens,* peut-être à un rythme différent. Le second point de vue consiste à dire que l'erectus s'est développé pour devenir sapiens en un seul endroit — probablement en Afrique. Ensuite, différentes 'vagues' de sapiens ont émigré vers d'autres régions et tous les erectus vivant déjà à cet endroit ont disparu.

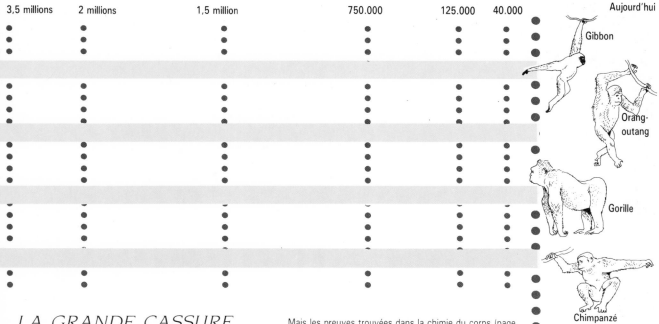

3,5 millions	2 millions	1,5 million	750.000	125.000	40.000	Aujourd'hui

Gibbon

Orang-outang

Gorille

Chimpanzé

LA GRANDE CASSURE

Si l'on essaye de classifier notre histoire, il peut être utile d'étudier l'évolution des autres grands singes. Quand leur ligne évolutive s'est-elle séparée de la nôtre? Les experts en fossiles avaient l'habitude de dire que le chimpanzé, le gorille et l'orang-outang suivirent leur propre évolution il y a 20 ou même 30 millions d'années.

Mais les preuves trouvées dans la chimie du corps (page 113) tout comme une nouvelle analyse des fossiles anciens placent cette cassure bien plus près de nous — il y a 10 ou 7 millions d'années. Cette idée d'une cassure récente, il y a environ 10 millions d'années, est de plus en plus reconnue. Si c'est exact, cela signifie que l'évolution peut se dérouler plus vite que nous le pensions.

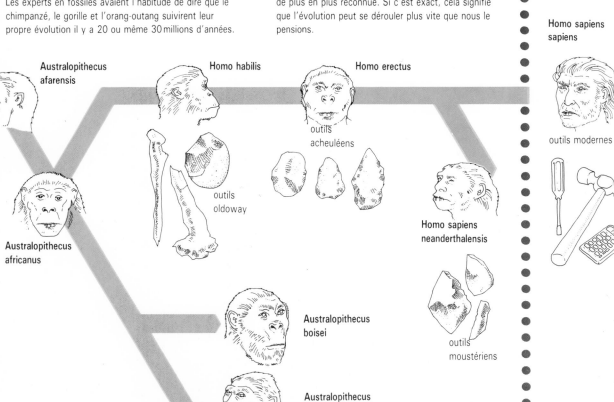

Australopithecus afarensis

Homo habilis

Homo erectus

outils acheuléens

Homo sapiens sapiens

outils modernes

outils oldoway

Australopithecus africanus

Homo sapiens neanderthalensis

Australopithecus boisei

outils moustériens

Australopithecus robustus

133

L'HOMME 'MODERNE'

Il y a environ 300.000 ans, l'*homo erectus* semble avoir disparu si l'on en croit les fossiles. Les premiers hommes modernes, notre propre espèce d'*homo sapiens* (l'homme sage), se sont alors développés. A première vue, les hommes 'modernes' ressemblaient un peu aux *hommes erectus*. En réalité, plus on trouve de fossiles et plus il devient difficile de tracer une ligne évolutive entre eux et nous. Mais peu à peu, les caractéristiques principales des hommes modernes, telles que le front plat et le petit visage, se sont développées. En fait, la partie du crâne contenant le cerveau s'est agrandie pour contenir un cerveau de la même taille que le nôtre, c'est-à-dire 1300 ml.

Les vestiges d'humains vivant il y a 30.000 ans indiquent que les squelettes étaient identiques aux nôtres. Les hommes qui vivaient alors à la fin de la période glacière en Europe s'appelaient Cro-magnon — d'après le lieu où leurs traces furent trouvées pour la première fois dans le sud de la France. Ces fragments nous signalent que ces hommes étaient capables de fabriquer des outils en pierre de grande précision; ils réalisèrent des objets utiles, comme des hameçons et des javelots en os et en ivoire; ils cousaient des peaux pour en faire des vêtements et de plus, ils étaient aussi d'habiles chasseurs. Les hommes de Cro-magnon firent aussi quelque chose de tout à fait nouveau. Ils peignirent de splendides tableaux sur les murs de leurs cavernes. Ce furent les premiers artistes.

LES HOMMES DE CRO-MAGNON

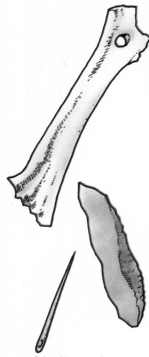

Les premières traces du Cro-Magnon ont été découvertes en 1868, lorsque des ouvriers creusaient une voie de chemin de fer en Dordogne, en France. On trouva également d'autres restes dans d'autres endroits des environs, ainsi qu'en Espagne. Avec les nouvelles découvertes faites un peu partout dans le monde, on mit à jour beaucoup plus d'éléments d'une même époque. Elle se situait entre 35.000 et 10.000 ans. Notre propre sous-espèce de l'homme moderne, *homo sapiens,* avait vraiment fait son apparition.

Ces hommes modernes primitifs semblent avoir vécu en groupes de 50 personnes ou plus. Près de leurs ossements, on a trouvé ceux de cerfs, de chevaux et de bisons — très certainement le résultat de leur chasse. Tandis que les hommes de Cro-magnon vivaient en Europe, la grande période glaciaire débuta et se termina. Les hommes de Cro-magnon ont laissé des exemples de leur sens artistique sur les murs des cavernes dans le sud de la France et en Espagne. On en trouve aussi au Sahara en Afrique du Nord. Ces peintures exigeaient beaucoup d'efforts. Les couleurs furent réalisées en cassant des rochers pour obtenir des pigments. Les poudres colo-

Faites-le vous-même
Cette boîte à outils primitive permettait à l'homme de Cro-magnon d'exécuter une série de travaux. Le bâton (os avec un trou) n'était peut-être pas un outil, mais un symbole d'autorité.

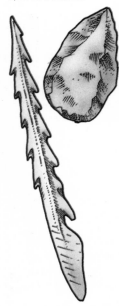

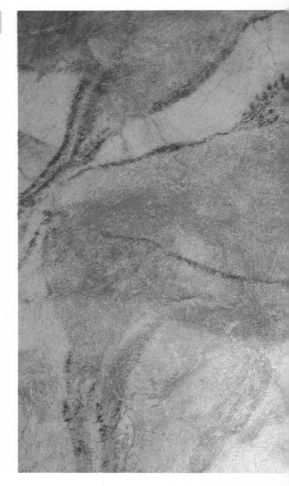

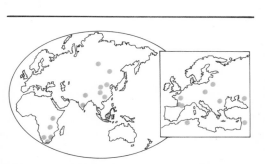

= lieux où l'on a trouvé des fossiles ou des traces de l'homme de Cro-magnon.

rées étaient mélangées à de la graisse animale pour obtenir de la couleur. Ces tableaux avaient probablement une sorte de signification magique ou rituelle. En peignant un bison transpercé d'un épieu, cela pouvait provoquer la chance lors d'une chasse ultérieure. Les hommes de Cro-magnon utilisaient des symboles pour exprimer leur pensée. Ils ne faisaient pas que peindre, ils gravaient également des signes et des dessins sur leurs armes de chasse.

Certains ossements semblent provenir de cimetières d'hommes de Cro-magnon. Les individus étaient tournés sur leur côté avec les genoux relevés sous le menton et ils étaient enterrés avec des armes ou des outils.

Les peintures préhistoriques
L'art des cavernes représente d'habitude les animaux chassés comme nourriture. Le tableau de gauche se trouve à Altamira en Espagne; la peinture ci-dessus vient de Lascaux en France.

LE LANGAGE DES HUMAINS

Depuis combien de temps les humains ont-ils utilisé un langage? L'*homo habilis* et peut-être même l'australopithèque utilisaient de simples sons comme des grognements et des cris. Les langages complexes comprenant des centaines de mots différents sont sans doute assez récents.

Chez les bébés de notre époque, le *larynx* se trouve assez haut près du crâne. Après environ un an, il se met à descendre dans le cou. Le bébé peut alors commencer à parler. La position du larynx peut être importante pour s'exprimer clairement. Chez les singes actuels, le larynx a aussi une position élevée et ne descend jamais — les singes ne peuvent donc pas parler comme nous.

Les fossiles témoignent que chez l'*homo erectus*, le larynx était aussi placé assez haut. Il n'aurait donc pu parler que d'une façon maladroite et simple. Il ne se mit à mieux parler qu'après que le larynx ait pris une position plus correcte dans la gorge, chez l'*homo sapiens*.

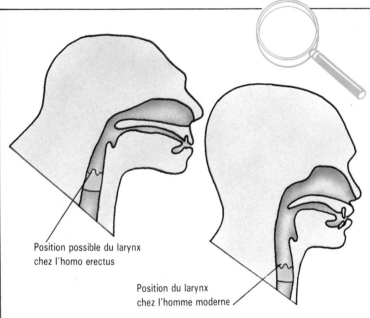

Position possible du larynx chez l'homo erectus

Position du larynx chez l'homme moderne

LES HOMMES DES CAVERNES

Souvenez-vous du dessin populaire d'un homme des cavernes: petit, voûté, trapu et stupide. Cette image vient des interprétations des fossiles de l'homme de Néanderthal mais, comme nous allons le voir, elle ne correspond pas à la réalité. Les hommes de Néanderthal étaient nos proches cousins, appartenant à notre espèce *homo sapiens* mais d'une sous-espèce différente, *homo sapiens neanderthalensis*.

Leurs ossements furent découverts pour la première fois en 1856 dans la vallée Neander, en Allemagne. A l'époque, on a avancé toutes sortes d'explications — qu'il s'agissait des os déformés d'un ermite, par exemple. Mais lorsqu'on découvrit un squelette presque complet du type Néanderthal dans le sud de la France en 1908, cela fit travailler l'imagination. Le squelette fut reconstruit. Il présentait une brute courbée traînant les pieds et qui avait l'air stupide.

Lorsque de nouveaux ossements furent mis à jour, il fallut reviser les premières idées. En 1957, le premier squelette fut réétudié. Les experts trouvèrent que cet homme de Néanderthal qui était mort à l'âge d'environ 40 ans, avait terriblement souffert d'arthrite et que c'était la raison pour laquelle il marchait courbé.

Les fossiles nous amènent à penser maintenant que les hommes de Néanderthal étaient un peu plus petits que nous mais qu'ils étaient aussi beaucoup plus forts, avec des muscles

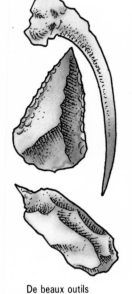

De beaux outils
Les hommes de Néanderthal fabriquaient de beaux outils connus sous le nom de moustériens. C'étaient de petits couteaux délicats, des marteaux en pierre, des grattoirs et bien d'autres. Avec ces outils, ils chassaient les rhinocéros à fourrure, les rennes, les hyènes, les ours des cavernes, les loups et les chevaux sauvages.

▨ = lieux où l'on a trouvé des fossiles ou des traces de l'*homo sapiens neanderthalensis*.

puissants et des articulations et des os solides. Ils marchaient en se tenant droits, comme nous. Ils étaient loin d'être stupides malgré leur soi-disant petit cerveau. En effet, des mesures indiquèrent que l'homme de Néanderthal moyen avait un cerveau légèrement plus grand que celui de l'homme moderne. Mais il conservait un front plat et incliné ainsi que de fortes arêtes sur les sourcils. Cela lui donnait un visage assez grossier.

Le squelette de l'homme atteint d'arthrite nous livra d'autres informations. Il était boiteux et ses dents étaient en si mauvais état qu'il pouvait à peine mâcher. A cette époque, pendant l'âge des glaces, la vie devait être dure. Comment avait-il pu s'en sortir dans son état? Est-il possible que les hommes de Néanderthal prenaient soin l'un de l'autre et de leurs malades? Nous savons maintenant qu'ils enterraient leurs morts. Certaines tombes étaient recouvertes de fleurs. Dans d'autres, les corps avaient été peints avec une terre rougeâtre. Peut-être les hommes de Néanderthal croyaient-ils à une vie après la mort.

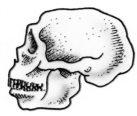

Un crâne de sauvage?
Le crâne de l'homme de Néanderthal présentant un front incliné et des sourcils proéminents nous a d'abord fait croire qu'il était stupide et sauvage.

Qu'est-il arrivé à l'homme de Néanderthal?
Les hommes de Néanderthal ont vécu en Europe jusqu'il y a 40.000 ans. Ensuite, ils disparurent rapidement. Pourquoi? Ils n'ont peut-être pas supporté le climat lorsque celui-ci s'est réchauffé. Ou bien les vagues des hommes modernes émigrant dans le monde les ont anéantis. Ou bien encore les hommes modernes se sont mélangés aux hommes de Néanderthal et les ont absorbés par croisement.

LES FOSSILES DE L'AVENIR

L'humanité a parcouru un long chemin depuis que le premier homme sage fit ses premiers pas en Afrique il y a quelques millions d'années. Mais nous sommes une toute nouvelle espèce sur terre. Comparée à l'époque durant laquelle les dinosaures ont dominé la terre et à celle où les amphibiens dominaient les marais, notre époque ne représente pas plus que la durée d'un clin d'œil.

L'*homo sapiens* s'est étendu sur pratiquement toute la terre. Nous transformons notre environnement à une vitesse croissante et il ne reste que très peu de régions qui soient vraiment naturelles.

Certaines tendances évolutives peuvent se poursuivre. Nos forces physiques deviennent moins importantes, nos corps pourraient donc devenir plus faibles et moins robustes. Comme nous devons moins mâcher, nos dents, nos mâchoires et les muscles des mâchoires peuvent devenir plus petits et moins nombreux.

Mais notre évolution physique est lente. En comparaison, notre évolution mentale est fulgurante. En quelques années seulement, nous avons conçu les ordinateurs qui peuvent penser plus vite que les humains.

Une grande partie de notre passé récent est basée sur des changements de nos pensées, de nos perspectives et de nos idées. Peut-être entamons-nous une nouvelle ère, où l'évolution du corps est dépassée par l'évolution de l'esprit.

INDEX

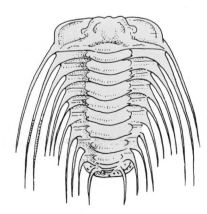

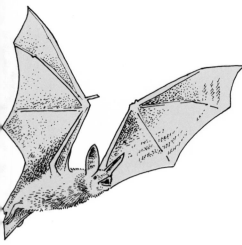

144